PUHUA BOOKS

我
们
一
起
解
决
问
题

从人职到离职
企业用工文本
全方位解析

陈　豪◎著

人民邮电出版社
北　京

图书在版编目（ＣＩＰ）数据

从入职到离职企业用工文本全方位解析 / 陈豪著
. -- 北京 : 人民邮电出版社，2023.5
　（赢在人力资源系列图书）
　ISBN 978-7-115-61597-8

Ⅰ. ①从… Ⅱ. ①陈… Ⅲ. ①企业管理－人力资源管
理－研究－中国 Ⅳ. ①F279.23

中国国家版本馆CIP数据核字(2023)第064251号

内 容 提 要

本书从人力资源劳动用工管理的角度出发，针对常见的用工文本问题，结合作者自身的从业经验，分析、梳理了其在担任人力资源管理顾问过程中遇到的实际问题，提供了操作性强的解决方案，力求帮助企业管理者更好地进行用工风险控制。

全书详细梳理了劳动关系下用工文本的知识点、风险点及实操注意事项，介绍了包括劳动合同、派遣协议与外包协议、保密协议与竞业限制协议、服务期协议等在内的常见的用工文本。同时，作者结合新出台的法律法规对用工文本的使用要点进行了介绍。本书体例新颖，书中各章均以"对话"的形式引入主题，在讲解各项知识点后，还设置了"文本示范""答疑解惑""实例分析""总结与思考"四大模块，以满足大多数读者的阅读习惯和实际需要。

本书适合企业管理者、人力资源管理者和负责员工关系工作的人力资源专员阅读。

◆ 著　　陈　豪
责任编辑　刘　盈
责任印制　彭志环

◆ 人民邮电出版社出版发行　　北京市丰台区成寿寺路 11 号
邮编 100164　电子邮件 315@ptpress.com.cn
网址 https://www.ptpress.com.cn
大厂回族自治县聚鑫印刷有限责任公司印刷

◆ 开本：700×1000　1/16
印张：15　　　　　　　　　　2023 年 5 月第 1 版
字数：150 千字　　　　　　　2023 年 5 月河北第 1 次印刷

定　价：79.80 元
读者服务热线：（010）81055656　印装质量热线：（010）81055316
反盗版热线：（010）81055315
广告经营许可证：京东市监广登字20170147号

前　言

　　我的上一本著作《企业灵活用工实操手册》出版后引发了业界的热烈反响。一些读者看过这本书之后，希望我能够针对劳动关系中的用工文本单独出版一本书，详细讲解从入职到离职企业用工文本的设计与使用规范。

　　在实际工作中，人力资源从业者遇到的和用工文本相关的问题数不胜数，如何时签订怎样的文本，如何签订，和谁签，签几份，没签怎么办等。可以说处理劳动用工文本是人力资源从业者除了算错薪资以外"最害怕"的工作。我在培训咨询过程中发现，许多企业并不重视用工文本，具体表现为：

　　（1）企业的用工文本直接套用模板；

　　（2）企业的用工文本中都是格式条款；

　　（3）企业用工文本的内容与真实意思不一样；

　　（4）企业不愿意签订复杂烦琐的用工文本；

　　（5）企业使用用工文本前不经过专业人士审核；

　　（6）企业与员工签订用工文本时敷衍了事，不仔细检查；

　　（7）企业的用工文本保存不到位，需要使用的时候发现找不到。

　　为了帮助企业规范用工文本，规避用工风险，我编写了这本《从入职到离职企业用工文本全方位解析》。考虑到劳动关系下用工文本的数量较多且复杂，书中选取了员工入职、在职、离职过程中比较常见且普遍使用的用工文本协议，如应聘登记表、录取通知书、劳动合同、派遣协议与外包协议、保密协议与竞业限制协议、服务期协议等。

本书设置了"文本示范""答疑解惑""实例分析""总结与思考"等模块，详细梳理了劳动关系下用工文本的知识点、风险点及实操注意事项。考虑到近些年《中华人民共和国民法典》《中华人民共和国个人信息保护法》等法规的出台与实施，对企业用工文本产生了一定的影响，本书也将结合最新的法律规定进行讲述，以便帮助企业管理者和人力资源从业者更好地进行用工风险控制及用工管理。

"劳动关系下从入职到离职的企业用工文本解析"是我成为线上讲师后第一个拥有完整知识体系的系列版权课程，我将相关的直播课、系列课及本人在多地开展企业内训的内容与经验融入本书中，分享给更多的企业管理者和人力资源从业者，帮助大家不断提升专业技能，在职场上一马平川、步步高升。

目 录

第二章 全方位解析劳动合同

➲ 对话：签劳动合同还是个技术活

第三章 全方位解析集体合同、派遣协议和外包协议

➲ 对话：自从有了工会，集体合同的签订变得更加便捷了

第六章　全方位解析员工手册

⊃ 对话：手册那么厚，到底有何用

第七章　全方位解析主动离职文件

⊃ 对话：我口头提离职了，行吗

第八章　全方位解析解聘文件

○ **对话：解除劳动关系通知书写错话了，怎么办**

第一章

防范入职风险的"三驾马车"
——应聘登记表、录取通知书和录用条件

对话：收到录取通知书，就是正式入职了吗

小陈：王先生您好，恭喜您通过了我们公司的面试，下午我将把录取通知书发到您的邮箱，请查收并确认。

王先生：好的，谢谢。

（下午王先生查看邮件后。）

王先生：小陈你好，录取通知书已收到，现在我是否算正式入职了呢?

小陈：王先生，录取通知书中有说明，在正式入职前您还需要接受相关体检，通过体检后才可以正式入职。

第一节 应聘登记表的注意事项与填写技巧

在"应聘登记表"中,应聘者需要填写大量的个人信息,包括但不限于个人的基本信息、学历信息、工作履历、家庭信息等。那么,哪些信息是应聘者必须填写的,哪些信息是应聘者可以拒绝填写的呢?基于《中华人民共和国民法典》《中华人民共和国个人信息保护法》的规定,个人信息的处理方式如图 1-1 所示。

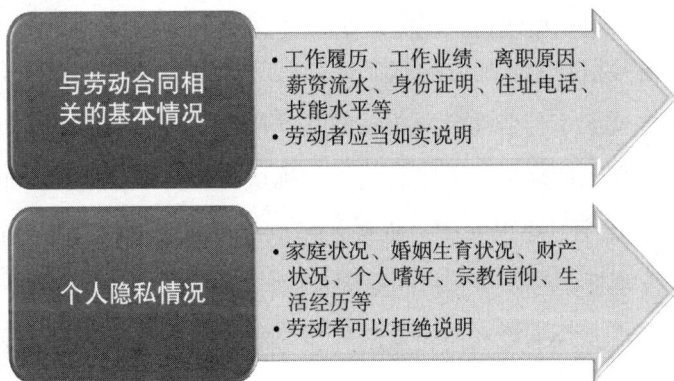

图 1-1 个人信息的处理方式

根据图 1-1 的内容,应聘者并不需要填写"应聘登记表"中的所有内容。考虑到应聘者只是参加面试,并非正式入职企业,出于对个人隐私的保护,选择性填写"应聘登记表"的行为很常见,如许多人就不会填写婚育状况。

如果涉及女职工禁忌从事的劳动事项,那么企业需要事先进行了解。例如,女职工怀孕时有一部分工作岗位就属于禁忌从事的劳动范围,包括:

(1)作业场所空气中铅及其化合物、汞及其化合物、苯、镉、铍、砷、氰化物、氮氧化物、一氧化碳、二硫化碳、氯、己内酰胺、氯丁二烯、氯乙烯、环氧乙烷、苯胺、甲醛等有毒物质浓度超过国家职业卫生标准的作业;

(2)从事抗癌药物、己烯雌酚生产,接触麻醉剂气体等的作业;

(3)非密封源放射性物质的操作,核事故与放射事故的应急处置;

（4）高处作业分级标准中规定的高处作业；

（5）冷水作业分级标准中规定的冷水作业；

（6）低温作业分级标准中规定的低温作业；

（7）高温作业分级标准中规定的第三级、第四级的作业；

（8）噪声作业分级标准中规定的第三级、第四级的作业；

（9）体力劳动强度分级标准中规定的第三级、第四级体力劳动强度的作业；

（10）在密闭空间、高压室作业或者潜水作业，伴有强烈振动的作业，或者需要频繁弯腰、攀高、下蹲的作业。

当企业需要招聘上述岗位的职工时，女职工是否处在"三期"（孕期、产期、哺乳期）就属于与劳动合同相关的基本情况了，女职工必须如实告知企业。企业对女职工的部分个人隐私信息的确认与核实十分重要，如询问女职工当下是否已怀孕，要求女职工提供相应的体检信息并确保真实性。同时，女职工一旦发现怀孕必须第一时间通知企业。

对于属于员工个人隐私但企业确需获取的信息，人力资源从业者可以发挥"应聘登记表"的作用，相关操作如下：

（1）在企业想要了解的信息处用明显的方式标记出来，如在前面加 *，同时在备注中明确 * 的具体意义；

（2）为了确保"应聘登记表"中内容的真实性，企业可以在备注中明确如果应聘者填写虚假内容，将视作通过欺诈手段签订劳动合同，劳动合同无效，双方解除劳动关系。

虽然劳动合同的相关情况与个人隐私的情况不同，但都属于自然人的个人信息，无论应聘者最终是否入职企业，企业都有义务保证个人信息的安全性，不得非法收集、使用、加工、泄露个人信息，不得非法买卖、提供或公开他人的个人信息。

第二节　录取通知书与预录取通知书的取舍

录取通知书作为员工入职企业的重要用工文本，它的发放具有非常重要的法律意义和管理意义，如图1-2所示。

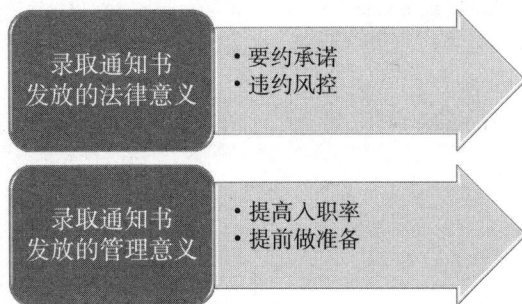

图1-2　录取通知书发放的法律意义和管理意义

录取通知书并非法定必须订立的用工文本，因此，录取通知书发放的管理意义要高于法律意义。从企业对于人才的选、用、育、留来说，发放录取通知书可以提前锁定优秀人才，对个人来说，发放录取通知书的企业可以让应聘者感到放心。

录取通知书作为一种要约，一旦发出，就表示企业已经录取了该应聘者。在实际操作中，应聘者从面试到正式入职的过程中还存在着诸多环节，如面试通过后的背景调查、体检等。笔者曾经接触过这方面的案例，企业管理者为了能够尽快锁定应聘者，面试通过后，就立即与应聘者确认了入职时间，并催促招聘专员发放录取通知书。可是，当招聘专员进行背景调查时，却发现应聘者存在一些问题，此时企业的处境就很尴尬了。

因此，笔者建议企业引入预录取通知书的概念。在应聘者通过面试后，企业可以向其发放预录取通知书，并要求应聘者根据企业的要求提供体检报告及其他信息，企业在审核全部信息后再向其发放正式的录取通知书；如果审核未通过，将不予发放录取通知书。这样一来，企业便可以从操作流程上做到合法合规。

那么，企业不发放录取通知书是否就能避免上述违约风险呢？录取通知书本身包含着录取的含义，也就是说企业在未正式确认应聘者入职之前无需向其表达录取的意思。针对这个问题，人力资源从业者在操作流程上可以分为发放录取通知书和不发放录取通知书两种方式，如图 1-3 所示。

发放预录取通知书	无录取通知书
↓	↓
体检＋背景调查	体检＋背景调查
↓	↓
发放正式录取通知书	发放入职通知

图 1-3　发放录取通知书和不发放录取通知书的流程

第三节　录取通知书的内容

尽管法律并没有对录取通知书的发放做出明确规定，但许多企业从人力资源管理的角度出发依然会选择发放。录取通知书不同于劳动合同，没有法定的必备条款，因此，录取通知书内容的灵活性较强，受企业单方影响较大。笔者将录取通知书的内容分为三类，如图 1-4 至图 1-7 所示。

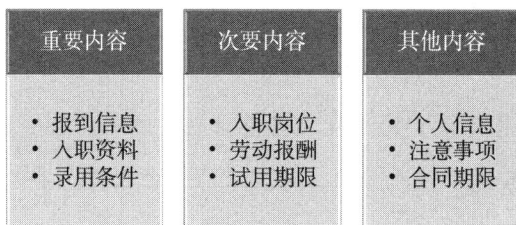

重要内容	次要内容	其他内容
• 报到信息 • 入职资料 • 录用条件	• 入职岗位 • 劳动报酬 • 试用期限	• 个人信息 • 注意事项 • 合同期限

图 1-4　录取通知书的内容分类

报到信息	• 报到部门（人力资源部） • 报到时间（年月日时）
入职资料	• 学历证明、薪资流水、离职证明、体检报告、身份证、一寸照片、无犯罪证明等
录用条件	• 参考第四节的相关内容

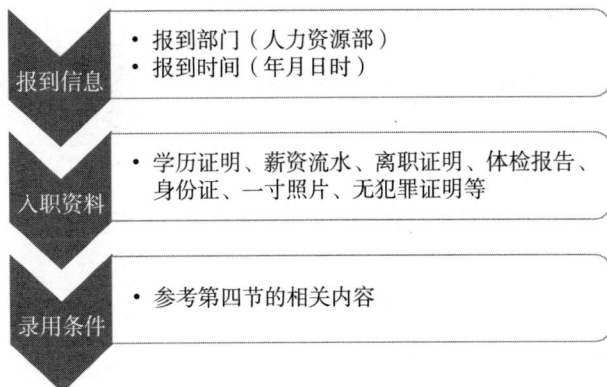

图 1-5 录取通知书的重要内容

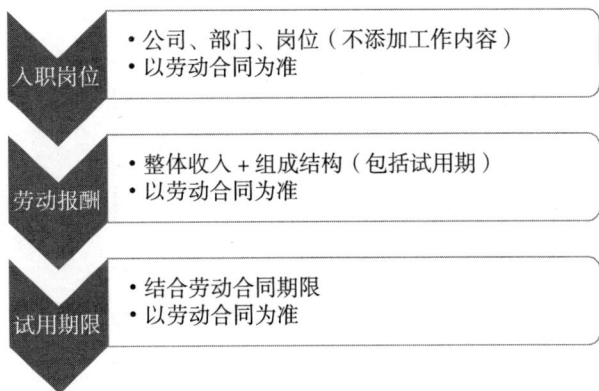

入职岗位	• 公司、部门、岗位（不添加工作内容） • 以劳动合同为准
劳动报酬	• 整体收入 + 组成结构（包括试用期） • 以劳动合同为准
试用期限	• 结合劳动合同期限 • 以劳动合同为准

图 1-6 录取通知书的次要内容

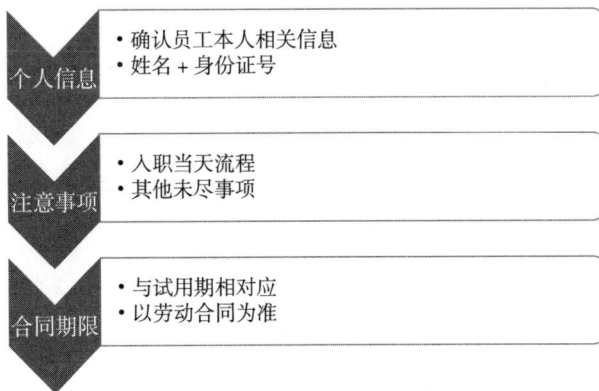

个人信息	• 确认员工本人相关信息 • 姓名 + 身份证号
注意事项	• 入职当天流程 • 其他未尽事项
合同期限	• 与试用期相对应 • 以劳动合同为准

图 1-7 录取通知书的其他内容

报到信息、入职资料和试用期录用条件是录取通知书中最重要的内容，属于非法定的必备内容。企业可以根据实际情况设定次要内容和其他内容。

第四节　试用期录用条件的"可"与"不可"

试用期录用条件对人力资源从业者来说并不陌生。《中华人民共和国劳动合同法》第三十九条："劳动者有下列情形之一的，用人单位可以解除劳动合同：（一）在试用期间被证明不符合录用条件的。"

然而，相关法律及其相关条例司法解释对于录用条件始终没有明确统一的定义。因此，企业拥有对录用条件的解释权，设定符合企业特色的录用条件就成了企业的权利。

那么，企业应该如何合理使用录用条件，从而保护企业的合法权益呢？笔者认为，可以从以下五个方面来分析。

1. 录用条件的"七可"

所谓"七可"，就是企业可以根据下列内容设定相应的录用条件：

（1）劳动者未提供完整且真实的入职资料或用工手续信息，包括学历、证书、个人简历、户口本、离职证明、薪资流水、工作资质等；

（2）劳动者与之前公司直接存在各项关系（如劳动关系、竞业保密协议、服务期协议）；

（3）劳动者隐瞒了过往重大疾病史、工伤、违法违纪的犯罪记录；

（4）劳动者不进行指定的体检项目，特殊项目需要排除，如孕检；

（5）劳动者由于个人原因不愿意或不配合企业签订劳动合同；

（6）劳动者在试用期内的缺勤率（如事假、病假等）超过一定比例，如每月缺勤率超过 10% 等；

（7）劳动者在试用期内未遵守企业的规章制度和行为规范，如严重违纪、徇私舞弊等。

企业可以将上述七点列为试用期录用条件，一旦发生法律纠纷，只要企业举证充分合规，企业就不易败诉。

2. 录用条件的"五不可"

为了让企业在处理劳动关系时做到合法合规，也为了保证员工的个人利益不受侵害，人力资源从业者要充分了解试用期录用条件的"五不可"，下列内容不可以设定为录用条件：

（1）劳动者在试用期内不得结婚、生育；

（2）劳动者在试用期内不得申请各类假期；

（3）涉及个人日常生活的不合理要求，如劳动者在试用期内不得更换电话号码、住址等；

（4）在劳动者已经入职并提供相关真实材料的情况下，企业认为其不符合招聘条件的，如招聘时要求应聘者身高不低于 165 厘米，面试时已知晓应聘者的身高为 160 厘米，入职后认为其身高不符合招聘要求；

（5）不胜任工作岗位。

以上五点不能出现在试用期的录用条件中，一旦出现或者企业根据该录用条件解雇员工等，企业将面临较大的风险和争议。

3. 绩效考核结果 = 录用条件

许多企业管理者认为，试用期内员工的绩效考核结果可以作为试用期的录用条件。管理者需要理解一个很关键的概念，企业之所以常用到"试用期录用条件"，是因为当员工不符合录用条件时，企业可以无偿解雇员工，节约企业的解雇成本。我们来看下列三种情形：

（1）员工入职后签订了绩效考核标准，入职两天后进入了医疗期，两个月后企业以试用期不符合录用条件——绩效考核不达标——为由辞退了该员工，考核结果员工已经确认；

（2）员工入职后签订了绩效考核标准，正常工作了两个月，企业以试用期不符合录用条件——绩效考核不达标——为由辞退了该员工，考核结果员工已经确认；

（3）员工入职前签订了绩效考核标准，正常工作了两个月，公司以试用期不符合录用条件——绩效考核不达标——为由辞退了该员工，考核结果员工已经确认。

在司法实践中，第三种情形下企业的胜诉率是最高的，第一种情形和第二种情形都存在一定程度的风险和举证难度。

从字面意思上看，录用条件是指在劳动者入职之前，企业为决定是否录用该劳动者而设定的条件，它解决的是劳动者是否能够入职企业的问题。绩效考核结果解决的是劳动者的能力是否达标的问题。是否能够入职和能力是否达标是完全不同的两个概念。

企业要想合法降低解雇成本，人力资源从业者可以将绩效考核标准作为劳动者入职前就已经确定的录用条件，或者在劳动者入职前与其签订岗位职责确认函，抑或是在招聘广告、录取通知书等相关信息文件中明确表示该岗位的绩效考核标准，确保劳动者在入职前便已知晓。

4. 试用期录用条件的"三不"

试用期录用条件虽然没有明确的法律标准，但也不是企业可以随意设计的。上述"七可""五不可"是比较常见且通用的录用条件。这十二个录用条件在司法实践中基本不存在争议。除了上述十二条以外，还有以下常见且实用的试用期不录用条件：

（1）员工30日内因个人原因拒绝提供社会保险、公积金等相关资料，不愿意缴纳社会保险、公积金的；

（2）未经用人单位书面许可不按本合同约定时间到岗者；

（3）入职培训、岗前培训考核不合格经二次补考后仍然不合格者。

在前文的"七可"中，企业满足其一便可以作为录用条件；对于上述三条，企业需要根据实际情况做出进一步判断。

5.注意事项

由于录用条件是一个比较敏感的专业术语,所以人力资源从业者在使用时还需要了解其背后的注意事项。

(1)使用时间:只能在试用期内使用。

(2)使用环境:录取通知书中、劳动合同中、劳动合同附件中,以及员工手册等制度中。

(3)使用对象:试用期内所有签署相关协议的在职员工。

(4)使用细节:切勿前后矛盾或仅以某一部分为准。

(5)使用生效:员工签字确认或已知晓。

(6)使用用途:企业无偿解除试用期员工的劳动合同时。

第五节 录取通知书的法律效力

上文提到,录取通知书的管理意义比法律意义更大,但不意味着录取通知书就不受法律的约束。录取通知书作为一种要约承诺,必须要遵守《中华人民共和国民法典》的相关规定。在实际操作中,人力资源从业者需要注意以下问题。

1.要约承诺的形成

当企业向应聘者发放录取通知书时,应聘者必须要给出答复,这样才能形成完整的要约承诺,这一点和企业发放解除劳动关系通知书不同。通常企业会将录取通知书发到应聘者的邮箱、手机短信或微信等,要求应聘者回复,并将回复视为收到并同意的证明。如果没有回复,企业就视为应聘者放弃该录取通知书。因此,完整的录取通知书需要双方认可,而不是单方提出即可。

2. 要约承诺的失效

一旦录取通知书形成闭环，要约中的内容便即刻生效，具有法律效力，企业和应聘者都需要严格遵守。但是，在履行劳动合同的过程中，要约承诺可能会出现失效的情况。

3. 要约承诺的违约

录取通知书违约问题在劳动用工管理中屡见不鲜，有客观情况导致的无法履约，也有企业或应聘者主观原因导致的单方违约。无论是客观原因还是主观原因，违约一方都需要承担一定的法律责任。违约主体的不同，其应承担的法律责任也会有所区别。

（1）企业单方违约

企业单方违约是指企业主动提出取消与应聘者的要约承诺，也就是毁约。这种毁约可能存在客观情况，如发生意外灾难；也可能存在主观情况，如企业出现经营问题。企业取消录取通知书虽然不属于劳动争议，但仍是一种违背诚信原则的行为，应承担相应的法律责任，因此企业单方违约应当按照民事法律规定处理。

如应聘者处于实习状态，与企业签订的实习协议或三方协议中有关于违约金的约定，那么企业单方违约时就需要根据协议中的规定向应聘者支付违约金。

如应聘者处于在职状态，在通过企业面试并收到录取通知书后辞去了原工作，而新企业却单方违约，应聘者可参照原单位的工资收入向新企业要求 1 ~ 3 倍月工资的违约补偿。

如应聘者处于失业状态，由于其在面试过程中会产生交通成本、时间成本、体检成本，以及放弃其他就业机会成本等，企业应按照录取通知书中收入标准的 1 ~ 3 倍向其支付违约补偿。

（2）应聘者单方违约

如果是应聘者主动提出毁约，那么应聘者就需要承担相应的法律责任。

公开数据显示,应聘者单方违约的比例并不低。

如应聘者处于实习状态,与企业签订的实习协议或三方协议中有关于违约金的约定,那么应聘者单方违约时就需要根据协议中的规定向企业支付违约金。

如应聘者处于在职或失业状态,先接受企业的录取通知书,当有更好的就业机会时,他就会放弃原来的录取通知书。人力资源从业者在设计录取通知书时,为了应对此类情形,需要对应聘者单方违约的情形制定以下处罚措施:

①单方违约的应聘者将不再有资格被本企业及关联企业录取;

②单方违约的应聘者将赔偿本企业在该岗位上投入的成本损失;

③单方违约的应聘者将支付一定金额的违约金。

综上所述,我们发现无论是企业单方违约还是应聘者单方违约,在违约的处罚问题上并没有明确的法律规定和标准,这就给了用人双方较大的自治空间,诚实守信就是自治空间中最重要的品质。

第六节 录取通知书与劳动合同的区别

作为入职前最重要的用工文本,人力资源从业者在制定和管理录取通知书时需要非常仔细。在实际操作中,录取通知书经常被拿来和劳动合同相提并论,特别是在发生劳动争议的时候,如果录取通知书和劳动合同中的内容发生冲突了怎么办?录取通知书能否代替劳动合同?劳动合同中没有但是录取通知书中有的条款是否有效?

我们选取了用工文本中较常见的两个问题,通过递进的方式进行解析。

1. 劳动合同中没有但是录取通知书中有的条款是否有效

一些企业为了吸引优秀人才,会在招聘时许诺丰厚的劳动报酬,如奖金、期权等，并将其写入录取通知书中。在签订劳动合同时，却没有明确奖金、期权等特殊激励报酬。不少劳动者因此和企业发生争议，认为企业应该就奖金、期权等问题履行承诺。人力资源从业者怎样才能降低此类争议的风险呢？

针对录取通知书和劳动合同不同的法律特点，在劳动合同没有明确表示不包含奖金、期权等特殊激励报酬的情况下，劳动者的诉求是容易得到法律支持的。因此企业应该做到以下两点：

（1）不要利用虚假薪酬招聘员工，这样不仅留不住员工，还会对企业的品牌和声誉带来不良影响；

（2）如果企业确实因为特殊情况无法兑现录取通知书中的承诺，需要在劳动合同中做出明确的解释与说明，以规避相关风险。

2. 录取通知书和劳动合同中的内容发生冲突了怎么办

前文提到录取通知书属于一种要约，在用人双方还没有产生事实劳动关系时，录取通知书遵循的往往是民商等相关法律。一旦签订了劳动合同，就意味着用人双方建立了事实劳动关系，此时劳动合同遵循的就是相关劳动法律。相关劳动法律属于特殊法，因此在录取通知书和劳动合同中的内容发生冲突时，特殊法的效力更大，只要劳动者要求优先采用劳动合同中的相关约定，企业就应当履行。

例如，企业在录取通知书中明确提出，企业将根据年度经营情况及员工个人表现发放年终奖；而劳动合同中约定年终奖为年底双薪。那么劳动者可以要求企业履行劳动合同中的年终奖约定。

企业一旦发现录取通知书中的部分内容存在争议或需要调整，应及时在劳动合同中对这部分内容进行修正和调整。

文本示范

招聘申报表

部门		编制数		现有人数	
需求岗位		现岗从业人数		需求人数	
工作地点		薪酬范围		到位时间	
用人部门填写	招聘原因：岗位新建□ 空缺□ 岗位扩充□ 储备□ 其他□ 具体描述：				
	招聘渠道：内部招聘□ 外部招聘□ 猎头□ 如鼓励内部推荐，推荐奖金为_____元/人				
	用人部门面试负责人：初试官_____ 复试官_____				
	岗位职责：（具体描述）				
	岗位要求：（具体描述）				
人力资源部填写	预计到位时间：（指从招聘信息正式发布日起） 10天内□ 15天内□ 20天内□				
	人力资源部面试负责人：_____				

注：本表内容仅限于用人部门初试官、复试官、部门总监、分管副总裁、人力资源部面试负责人知悉。

××公司应聘登记表

姓名		性别		应聘职位		照片
出生日期		民族		籍贯		
户籍所在地		身高		婚否		
最高学历		毕业时间、学校				
技术职称		所学专业		学习形式	□统招 □自考 □其他	
英语水平		家庭地址		家庭电话		
计算机操作水平		现联系地址		手机号码		
健康状况		身份证号码		薪酬要求		
自我评价	□内向　□外向	最快到职时间		个人爱好		

工作经历	起止时间	单位	职务	薪金	离职原因	单位证明人	联系电话

教育培训经历	起止时间	学校/培训机构	专业或学习内容	学习成果

家庭情况	姓名	称谓	年龄	工作单位	担任职务

（续表）

自陈竞争优势	
有无其他要求	
应聘者承诺	本人承诺所填写的信息真实，并愿意接受核实　　　　签名：
本公司承诺	我们坚守职业道德，对于您的以上所有信息我们都会按有关规定保密

应聘人员背景调查报告

一、应聘者基本资料

姓名		性别		出生年月	
毕业院校		学历		专业	
应聘职位		面试主管		拟录用职位	

说明：对拟录用职位为主管以上或财务类、采购类的应聘者，须进行背景调查。

二、应聘自叙及调查记录（由近到远，调查 1 ~ 3 家单位）

对象	分项		服务单位之一	服务单位之二	服务单位之三
应聘者自叙	服务（起止）时间				
	服务单位名称				
	所处行业类型				
	服务部门名称				
	职位				
	主要职责	1			
		2			
		3			
	主管电话				
	联系人电话				
	离职原因				

（续表）

对象	分项		服务单位之一	服务单位之二	服务单位之三
信息证实及调查方式	所留联系窗口	电话	□真实 □无人接听 □不存在 □＿＿	□真实 □无人接听 □不存在 □＿＿	□真实 □无人接听 □不存在 □＿＿
		主管	□真实 □姓名不对 □无此人	□真实 □姓名不对 □无此人	□真实 □姓名不对 □无此人
		服务单位	□真实 □搬迁／更名 □无此单位	□真实 □搬迁／更名 □无此单位	□真实 □搬迁／更名 □无此单位
	调查方式		□114查询 □网络 □同事信息	□114查询 □网络 □同事信息	□114查询 □网络 □同事信息
调查情况记录	采访人姓名				
	所在单位及部门				
	职位				
	联系电话				
	企业现状				
	对应聘者工作时间及任职情况描述				
	对应聘者能力及业绩评价				
	学历及学位情况				

三、调查结论

人员	调查人		公司负责人	
录用建议	□录用	□谨慎选用	□录用	□谨慎选用
签名				

预录取意向书

_____先生 / 女士：

您好！

在此次面试过程中，您的良好表现给我们留下了深刻印象，本公司有意向与您商谈录取事宜。请您于___月___日___时到本公司指定地点面谈，公司地址为_____，并请携带以下第____项材料：

一、学历（学位）证书，身份证及职业资格证书等（原件及复印件）；

二、劳动合同（关系）解除证明；

三、近期照片两张。

如您逾期一周未至，则本意向书失效。

公司盖章

___年___月___日

录取通知书

_____先生 / 女士：

经本公司研究，决定录取您为本公司员工，从事_____方面的工作。欢迎您加盟本公司。

请您于___年__月__日___时持本录取通知书，并按报到须知所述内容，带齐相关证件与资料到本公司人力资源部报到。

如果您决定放弃本次机会，请您在收到本通知书后两天内与我们联系。

报到地址：广东省 ×××

报到部门：×× 公司人力资源部

如果您有任何疑问，请咨询本公司人力资源部_____（先生／小姐）。

咨询电话：×××××××

人力资源部（盖章）

___年___月___日

员工入职清单表

姓名：_____ 部门：_____ 职务：_____ 上岗时间：_____

办公用品：
员工签收：
办公家具：
员工签收：
计算机设备：
员工签收：
特殊设备、器材：
员工签收：

答疑解惑

在特殊情况下，如果企业因不可抗力导致停工停产，或应聘者无法按照录取通知书约定时间报到，人力资源从业者该如何处理？

这类情况属于用人双方都不是出于主观原因单方违约，而是基于客观情况导致的无法履约。在实际操作中，人力资源从业者可按照如下建议执行。

考虑到企业向应聘者发送录取通知书后，并不必然导致双方正式建立劳动关系。人力资源从业者应及时告知应聘者企业因不可抗力导致停工停产需延迟用工，并与应聘者协商延期入职或安排线上办公、培训等事宜。

对于已经生效的录取通知书，若企业单方撤销，则面临着承担缔约过失责任的风险，企业需支付违约金或赔偿应聘者的各类损失。

若是员工因特殊原因无法报到，那么企业撤销录取通知书在原则上是无须承担缔约过失赔偿责任的。例如，在可以正常复工的情况下，员工却拒绝报到，则属于员工违约，企业无须承担任何责任。

实例分析：应聘登记表与入职信息登记表有何差异

面试时，招聘专员会要求应聘者填写"应聘登记表"。当应聘者成功入职企业并报到后，招聘专员又会要求应聘者填写"入职信息登记表"。这两份登记表是否有差别呢？如果没有差别，人力资源从业者的工作是否就变成了重复劳动呢？"应聘登记表"与"入职信息登记表"的差异如图1-8所示。

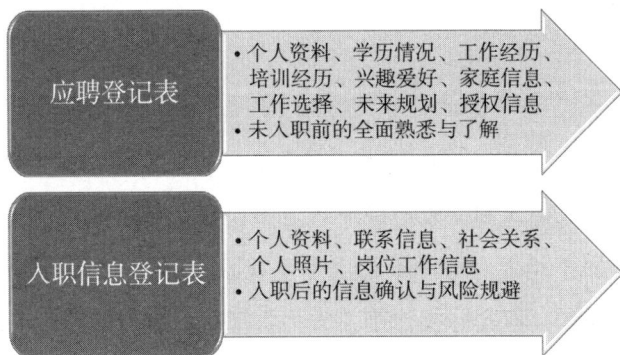

图 1-8　"应聘登记表"与"入职信息登记表"的差异

要想区分"应聘登记表"与"入职信息登记表"的差异，需要先了解填写的目的。"应聘登记表"的填写对象是尚未入职的应聘者，企业和应聘者处在彼此初步了解的阶段。企业要求应聘者填写"应聘登记表"是希望相对全面地了解应聘者，因此"应聘登记表"的内容范围可以相对广泛，即使应聘者不填写部分敏感信息也不影响面试流程的推进。

不同于"应聘登记表"，填写"入职信息登记表"就意味着应聘者已经通过面试，并同意入职企业，此时企业和应聘者处于将要共同奋斗的阶段。企业要求入职员工填写"入职信息登记表"是希望准确了解员工的具体信息，因此"入职信息登记表"的内容范围要相对聚焦，有较强的针对性，表中所有的信息内容都很重要。

例如，在面试阶段，应聘者为保护个人隐私，不愿意提供身份证号码及家庭住址，并不会影响企业的招聘与录用工作。一旦应聘者通过面试，已入职企业，那么企业在用工管理的过程中，就需要登记员工的身份证号码及家庭住址，所以员工在"入职信息登记表"中必须填写真实的身份证号码及家庭住址。

总结与思考:《中华人民共和国民法典》《中华人民共和国个人信息保护法》对企业用工文本的规定

2021年1月和11月,《中华人民共和国民法典》《中华人民共和国个人信息保护法》分别正式施行。两部法律均对个人信息与个人隐私问题的处理做出规定,其中对企业用工文本的规定如下。

1. 基于新法而新增的用工文本

《中华人民共和国个人信息保护法》把个人信息分为一般信息和敏感信息,一般信息在人力资源管理中可以采用常规的方式操作,无须员工单独授权同意;而敏感信息必须经过个人单独授权同意。

在用工文本中,经过合法流程后形成的规章制度是典型的无须个人单独授权同意的情形,属于单方规定;而双方签字生效的劳动合同是典型的必须经过个人单独授权同意的情形,属于双方约定。

因此,对于只涉及员工个人一般信息的用工文本,企业既可以做出单方规定,也可以做出双方约定;而涉及员工个人敏感信息的用工文本,企业只能采用双方约定的形式。常见的个人敏感信息如表1-1所示。

表1-1 常见的个人敏感信息

个人财产信息	银行账户、银行卡密码、存款信息(包括资金数量、支付收款记录等)、房产信息、信贷记录、征信信息、交易和消费记录、流水记录等,以及虚拟交易、游戏类兑换码等虚拟财产信息
个人健康生理信息	个人因生病医治等产生的相关记录,如病症、住院志、医嘱单、检验报告、手术及麻醉记录、护理记录、用药记录、药物食物过敏信息、生育信息、以往病史、诊治情况、家族病史、现病史、传染病史等
个人生物识别信息	指纹、掌纹、耳廓、虹膜、面部识别特征等
个人身份信息	身份证、护照、驾驶证、工作证、社保卡、居住证等

（续表）

其他信息	婚史、未公开的违法犯罪记录、通信记录和内容、通信录、好友列表、群组列表、行踪轨迹、网页浏览记录、住宿信息、精准定位信息等

企业在用工文本的管理过程中，表 1-1 中的员工个人敏感信息是通过劳动合同等约定形式明确的，人力资源从业者无须单独新增用工文本或条款。如果员工个人敏感信息只在规章制度或其他单方规定的文本中明确，如各类假期需要提供的相关证明、考勤需要的指纹识别等，企业需要和员工签订单独授权同意书、声明承诺等额外的用工文本，避免带来用工风险。

2. 基于新法而调整的用工文本

《中华人民共和国个人信息保护法》明确规定，收集个人信息时应当限于实现处理目的的最小范围，不得过度收集个人信息。企业用工文本中涉及个人的相关内容需要和劳动者的实际工作有关联，即便是一般个人信息，企业也不能过度收集。

许多用工文本中会涉及员工个人敏感信息，如竞业限制协议中的银行卡信息等。因此，企业不仅要在用工文本的签订流程上做到合规到位，而且对用工文本的内容也要严格把关。

3. 基于新法而销毁的用工文本

《中华人民共和国民法典》提到，在未经自然人允许的情况下，不得非法收集、使用、加工、传输他人个人信息，不得非法买卖、提供或者公开他人个人信息。员工离职后，企业该如何处理员工曾用过的用工文本呢？

根据《中华人民共和国个人信息保护法》的规定，个人信息保护影响评估报告和处理情况记录应当至少保存三年；而《中华人民共和国劳动合同法》规定，已经解除或终止的劳动合同的文本应至少保存两年备查。那么，两年或三年后，企业该如何处理与员工相关的用工文本呢？笔者建议企业销毁与员工相关的用工文本，注销与员工相关的所有个人信息。因为即使企业没有非法使用传播，如果遭到其他人员的非法操作，也会给企业带来不必要的麻烦。

如果企业必须要保留相关信息则需要注意对个人信息的保密、保管和使用问题，必要情况下可以在员工离职时就个人信息的相关问题进行单独确认。

第二章

全方位解析劳动合同

对话：签劳动合同还是个技术活

领导：小陈，新员工的劳动合同都签了吗？

小陈：领导，在他们入职一个月内，我就已经签好了。

领导：是书面合同还是电子合同？

小陈：书面合同。

领导：给他们看过合同附件了吗？确认没问题吧？

小陈：对的，他们已经看了所有合同附件，没问题。

领导：业务部老员工的合同到期了，新的合同准备好了吗？

小陈：我都准备好了，下午拿给您过目。

第一节 劳动合同与劳动关系、劳务合同的差异

许多人力资源从业者认为，企业与员工签订了劳动合同就等于双方建立了劳动关系。实际上，劳动合同和劳动关系属于必要非充分条件，也就是说，企业与员工建立劳动关系时必须要签订劳动合同，而企业与员工签订了劳动合同并不意味着双方就建立劳动关系了。

第一章提到，包含劳动合同必备条款和要素的录取通知书可以替代劳动合同。也就是说，合同的内容比名称更重要，即实质大于表面。在劳动用工管理领域，这个逻辑是通用的。

在《关于确立劳动关系有关事项的通知》即认定事实劳动关系的文件中，有着非常明确的说明，具体内容如图 2-1 和图 2-2 所示。

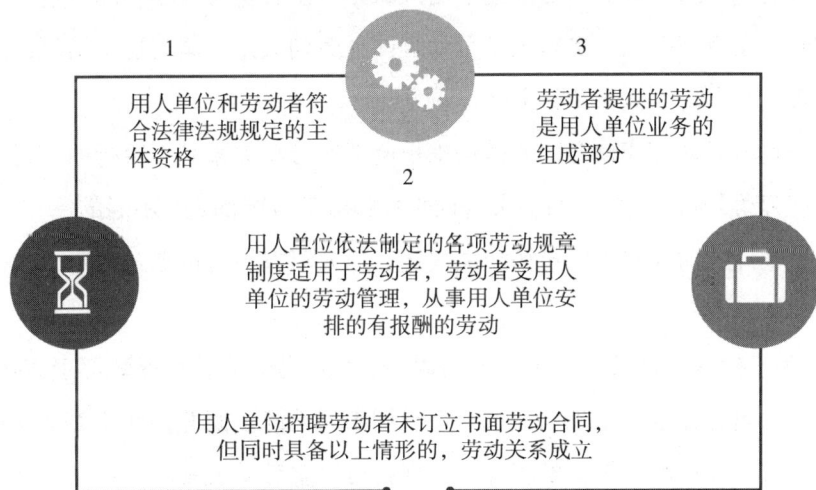

1 用人单位和劳动者符合法律法规规定的主体资格

3 劳动者提供的劳动是用人单位业务的组成部分

2 用人单位依法制定的各项劳动规章制度适用于劳动者，劳动者受用人单位的劳动管理，从事用人单位安排的有报酬的劳动

用人单位招聘劳动者未订立书面劳动合同，但同时具备以上情形的，劳动关系成立

图 2-1 认定劳动关系的"三要素"

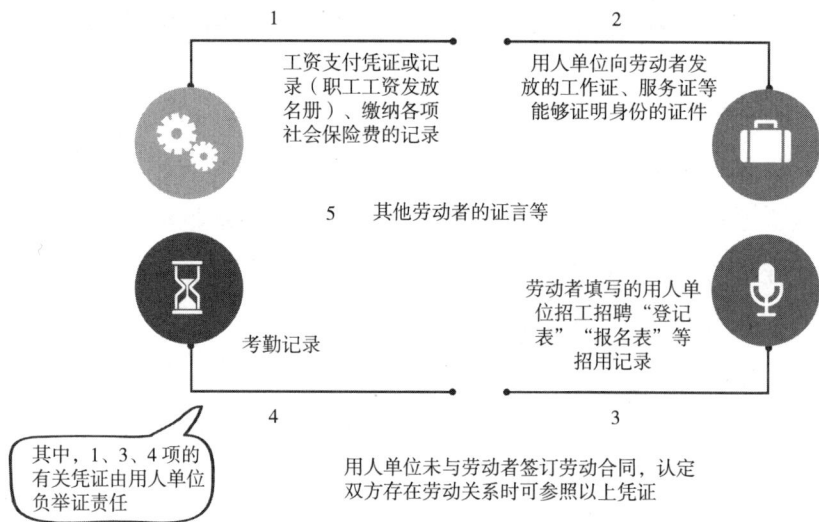

图 2-2　判断事实劳动关系的要素

以上两张图非常清晰地阐述了用人双方在没有签订劳动合同的情况下如何证明存在劳动关系，更印证了劳动合同≠劳动关系。基于这个结论，企业管理者或人力资源从业者要注意以下两点。

1. 利用不签订劳动合同的做法来规避事实劳动关系是不可行的。无论是不签订劳动合同还是以签订劳务合同来代替劳动合同都是行不通的。

2. 签订劳动合同时要遵循相关规定，用人双方不可以随意约定，这也是本章的核心内容。

《关于确立劳动关系有关事项的通知》是原劳动和社会保障部于 2005 年发布的，当时并没有出现新业态、平台用工等情况。因此，在《关于确立劳动关系有关事项的通知》的基础上，现在对事实劳动关系的认定标准有了进一步的提炼和升华。最常见的就是，用人双方要从"三性"，即人格从属性、经济从属性和组织从属性三个角度判断事实劳动关系，具体如表 2-1 所示。

表 2-1 新的 "三性" 认定与相关法律和实务的关联性

判断角度	相关法律内容	企业常见行为分析
人格从属性	1. 企业依法制定的各项规章制度适用于劳动者 2. 劳动者受用人单位的管理	1. 劳动者要服从用人单位的管理，按照用人单位的工作规则和指示提供劳动 2. 企业决定劳动者提供劳动的交付地点、交付时间、交付内容及交付量 3. 劳动者接受用人单位的管理、监督、检查和惩罚
经济从属性	劳动者从事用人单位安排的有报酬的劳动	1. 企业向劳动者提供劳动所需的生产资料和劳动条件，享有劳动成果 2. 劳动者按照企业指示进行劳动的风险由企业承担 3. 劳动者享有获得劳动报酬的权利，且劳动报酬和其他待遇作为其主要生活来源
组织从属性	1. 企业与劳动者符合法定主体资格 2. 劳动者提供的劳动是企业业务的组成部分	1. 劳动者作为企业中的一员，受企业管理者的指挥 2. 劳动者需要与其他成员协作，共同完成生产经营任务

从表 2-1 中我们可以看出，目前的司法实践对于劳动关系的认定标准相比于 2005 年的文件更为严谨，其核心和本质就是 "管理＋控制"。

从上文中我们得知，劳动关系≠劳动合同，劳务关系≠劳务合同。劳动合同与劳务合同在签订过程中也存在着许多差异，具体内容如表 2-2 所示。

表 2-2 劳动合同与劳务合同的不同点

项目	劳动合同	劳务合同
必备条款	九大必备条款	无必备条款
约定条件	1. 解除、终止、中止 2. 试用期 3. 劳动合同附件 4. 劳动争议	1. 工作内容与结果交付 2. 劳务报酬计算与支付 3. 其他权利义务 4. 发生争议的上诉处理
法律规定	劳动法律规定＋双方约定	以双方约定为主
签订方式	必须书面签订	可以口头约定
生效条件	签订内容＋签订手续合法	签订手续合法
形式种类	固定＋无固定＋以完成一定任务	不限
甲乙双方	企业与个人	个人与个人

第二节　劳动合同适用法律条款

综合分析劳动合同中的必备条款和常见的约定条款后就会发现，劳动合同受到相关劳动法律法规的约束。常见的劳动合同适用的法律规定如图 2-3 所示。

✓《中华人民共和国劳动法》　　　　✓《中华人民共和国社会保险法》

✓《中华人民共和国劳动合同法》　　✓《最高人民法院关于审理劳动争议案件适用法律问题的解释》

✓《中华人民共和国劳动合同法实施条例》　　✓ 地方性条例、意见、办法

图 2-3　常见的劳动合同适用的法律规定

不同的法律规定的侧重点不同，例如，劳动合同必备条款中的加班费的内容需要参考《中华人民共和国劳动法》，社保缴纳的内容需要参考《中华人民共和国社会保险法》等。因此，人力资源从业者要根据劳动合同的内容学习相关法律条文。

同时，因为劳动合同涉及的法律规定较多，人力资源从业者还要随时关注法律条款的变动情况。

第三节　常见劳动合同的种类和差异

常见的劳动合同包括三类，即固定期限劳动合同、无固定期限劳动合同、以完成一定任务为期限的劳动合同。不同种类的劳动合同在企业的日常管理工作中都存在着明显的不同，如表 2-3 所示。

表 2-3　三种劳动合同的常见异同

项目	固定期限劳动合同	无固定期限的劳动合同	以完成一定任务为期限的劳动合同
使用频率	高	中	低
适用情形	约定	法定 + 约定	约定
合同期限	有起止日期	无终止日期	无具体起止日期
结束关系	解除 + 终止	解除	解除 + 终止
到期终止	有终止 + 经济补偿	无终止 + 违法赔偿	有终止 + 经济补偿

三种劳动合同的具体不同如下。

1. 使用频率

企业使用频率最高的是固定期限劳动合同，因为固定期限劳动合同的灵活性和保障性更强。企业希望通过灵活性更强的劳动合同来管理员工，员工也希望通过保障性更强的劳动合同来保护自己。

相比之下，以完成一定任务为期限的劳动合同的适用范围更小，一般适用于项目制员工，一旦项目到期用人双方便不存在劳动关系了。

2. 适用情形

固定期限劳动合同和以完成一定任务为期限的劳动合同都是企业与劳动者约定后签订的，并没有法律规定必须签订的情形。无固定期限劳动合同就存在法定签订的情形。除双方约定外，常见的劳动合同的订立还有图 2-4 所示的两种情形。

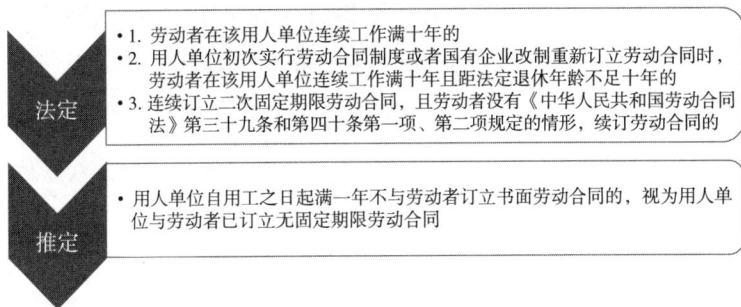

法定
- 1. 劳动者在该用人单位连续工作满十年的
- 2. 用人单位初次实行劳动合同制度或者国有企业改制重新订立劳动合同时，劳动者在该用人单位连续工作满十年且距法定退休年龄不足十年的
- 3. 连续订立二次固定期限劳动合同，且劳动者没有《中华人民共和国劳动合同法》第三十九条和第四十条第一项、第二项规定的情形，续订劳动合同的

推定
- 用人单位自用工之日起满一年不与劳动者订立书面劳动合同的，视为用人单位与劳动者已订立无固定期限劳动合同

图 2-4　"法定"和"推定"

3. 合同期限

固定期限劳动合同有明确的起止时间，如"双方劳动合同自＿＿年＿月＿日起至＿＿年＿月＿日止。

无固定期限劳动合同只有明确的起始时间，没有明确的终止时间。如"双方劳动合同自＿＿年＿月＿日起至依法解除、终止劳动合同时止。"

以完成一定任务为期限的劳动合同需要根据具体的任务或项目来确定合同期限，如果任务有明确的起始时间或终止时间，就可以参考上述劳动合同中关于起始与终止时间的写法。如果任务没有明确的起止时间，劳动合同中就需要有任务起始和终止的标志性说明或标志性事件。

4. 结束关系

由于固定期限劳动合同和以完成一定任务为期限的劳动合同存在劳动关系到期的时间或标志，因此用人双方到期即可解除劳动关系或终止劳动关系；而无固定期限劳动合同并没有终止时间或标志，因此用人双方无法以合同到期为由终止劳动关系。

5. 到期终止

由于无固定期限劳动合同不存在合同到期终止的现象，因此在履行过程中用人双方强行以合同到期为由终止劳动关系属于违法终止，按照法律规定，违法终止一方需要支付经济赔偿金。

签订固定期限劳动合同或以完成一定任务为期限的劳动合同的企业与劳动者，在合同到期后，如果不存在需要签订无固定期限的法定情形，企业可以进行合法终止，并视具体情况向劳动者支付经济补偿金。

第四节　劳动合同的必备条款、选择条款和红线条款

按照《中华人民共和国劳动合同法》的规定，劳动合同中存在九个必备条款。许多企业的劳动合同除了包括这些必备条款，还会和劳动者约定一些选择条款，甚至有的企业的劳动合同中会出现红线条款。

一、劳动合同的必备条款

劳动合同的必备条款包括用人单位的名称、住所和法定代表人或主要负责人，劳动者的姓名、住址和居民身份证或其他有效身份证件号码，劳动合同期限，工作内容和工作地点，工作时间和休息休假，劳动报酬，社会保险，劳动保护、劳动条件和职业危害防护，法律、法规规定应当纳入劳动合同的其他事项，如图 2-5 所示。

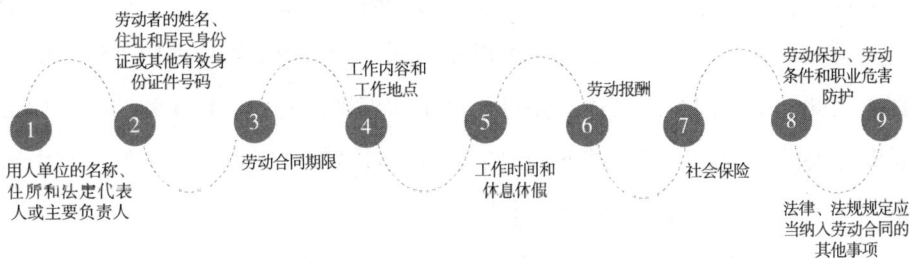

图 2-5　劳动合同的必备条款

1.用人单位的名称、住所和法定代表人或主要负责人

在用人单位的众多信息中，法律规定需要写入劳动合同的信息只有名称、住所和法定代表人或主要负责人三项，其他内容如证照编码、联系电话等一般不建议添加，因为这些内容一旦发生变更而人力资源从业者未及时更改劳动合同，就有可能会引发不必要的用工争议。

2. 劳动者的姓名、住址和居民身份证或其他有效身份证件号码

从企业用工管理的角度来说，建议人力资源从业者在劳动合同中增加常用的联系电话及通信地址这两个信息。通信地址主要用于邮寄各类重要办公文件和通知书等。

3. 劳动合同期限

劳动合同期限主要是指劳动合同的起止时间，起止时间的设定主要依据劳动合同的种类及双方具体情况约定。法律并没有对劳动合同的期限有明确的上下限规定，但是合同期限的不同会影响到试用期的长短、合同签订的次数、无固定期限劳动合同的形成等。

4. 工作内容和工作地点

工作内容可以参考企业在招聘启示中的岗位职责，或者由用人双方在入职后进行重新约定。劳动合同中工作内容的约定非常重要，它既可以作为企业安排劳动者工作时的依据，也可以作为认定劳动者不履行本职工作时的证据。因此，工作内容的描述不要过于简单和模糊，要相对具体和清晰。如果企业需要给劳动者安排一些非固定的、临时性的工作，可以在工作内容中增加"完成领导安排的其他相关工作"一项。

填写工作地点时，人力资源从业者需要注意以下两点。

首先，对地点范围的描述切忌过大或过小。例如，工作地点写"中国""华东地区"等，就属于范围过大；而具体到街道甚至门牌号码，则属于范围过小。从企业用工管理的角度而言，工作地点通常以某市或某省来约定，如果能确保工作地点长期固定，那么工作地点还可以再缩小到某区。

其次，一旦岗位的工作地点发生变动，人力资源从业者在劳动合同中就需要提前做出预判。例如，某岗位在省内发生调动，那么工作地点的范围具体到省即可；如果在不同省内调动，那么工作地点需要具体到不同的省；如果不确定该岗位发生变动的地点，人力资源从业者可以在工作地点的描述上增加"甲方（企业）可以根据经营情况或乙方工作需要调整乙方的工作地点"。

5. 工作时间和休息休假

工作时间在劳动合同中以上下班的具体时间及工时制度来呈现。休息指的是企业的公休日，而休假是指各类法定节假日。加班的相关内容往往也列在其中。

6. 劳动报酬

劳动报酬是劳动合同的核心内容之一。根据不同的岗位特点，劳动报酬在劳动合同中的呈现形式也不一样。无论哪种呈现形式，都要确保劳动者的报酬结构和报酬计算方式是清晰的，并且是有迹可循的。

以后勤职能岗为例，如小陈在公司中的工作岗位是人力资源管理岗位，每月收入为固定工资 5 000 元。那么，在小陈的劳动合同中，劳动报酬会明确表达为：月工资 5 000 元。

以制造业的计件类岗位为例，如小李在公司中的岗位是生产工，每个零件的计件单价为 50 元。那么，在小李所签订的劳动合同中，劳动报酬板块的表达形式为：计件单价为 50 元，甲方应合理制定劳动定额，保证乙方在提供正常劳动的情况下，获得合理的劳动报酬。

以营销类岗位为例，如小王在公司中的岗位是大客户销售，每月收入由基本工资 + 绩效工资 + 提成奖励组成。基本工资为 4 000 元，绩效工资和提成奖励需要根据公司相关的考核制度来发放。那么，在小王的劳动合同中，劳动报酬就会分为两部分。

第一部分为基本工资，表达方式可以参考后勤职能岗；第二部分为绩效工资 + 提成奖励，表达方式为：绩效工资和提成奖励计发办法参考 ＿＿＿＿＿＿＿＿＿＿。

因此，和合同期限一样，劳动合同中也会明确选择按照哪种方式计算劳动报酬。除此以外，劳动报酬条款中比较常见的内容还包括劳动报酬支付日期、试用期支付标准、个人所得税代扣代缴及双方的其他约定，如假期报酬的计算等。

7. 社会保险、劳动保护、劳动条件和职业危害防护

这些劳动合同必备条款不需要用人双方进行额外约定，直接按照法律规定办理即可。如果劳动者不准备在工作所在地缴纳社会保险，要求企业在劳动合同中约定无须给劳动者缴纳社会保险，那么此类协议基本都会被判定为无效。

二、劳动合同的选择条款

由于劳动合同是企业与劳动者约定形成的，所以选择条款原则上是可有可无的，企业可根据实际情况选择。劳动合同中常见的选择条款有以下五条。

1. 合同终止、解除、中止条件

劳动合同中经常会出现终止情形、解除情形及中止情形。由于劳动关系具备一定的特殊性，不同于一般的民事关系，在解除与终止的过程中，有比较强的规范性和倾向性。超出法律规定的解除与终止情形往往会被认定为违法解除或违法终止。法定的解除与终止情形主要集中在《中华人民共和国劳动合同法》和《中华人民共和国劳动合同法实施条例》中。

许多人力资源从业者会把法定的解除与终止情形写入劳动合同，从合规的角度来看，这样做确实没有问题，不过笔者认为没有必要。因为劳动合同中所有的约定内容都是不能越过法律红线的，所以无论劳动合同中是否有约定，法定的解除与终止情形都能够正常适用。相比之下，在劳动合同中明确中止条件就显得很有必要了，因为现在的相关劳动法律并没有对中止条件和情形做出具体规定，每个地区的相关地方性规定对可以中止的情形描述并不相同。

2. 试用期条款

劳动合同中的试用期条款之所以不是必备条款，是因为在图 2-6 所示的六种情形下，劳动合同中是不能设定试用期的。

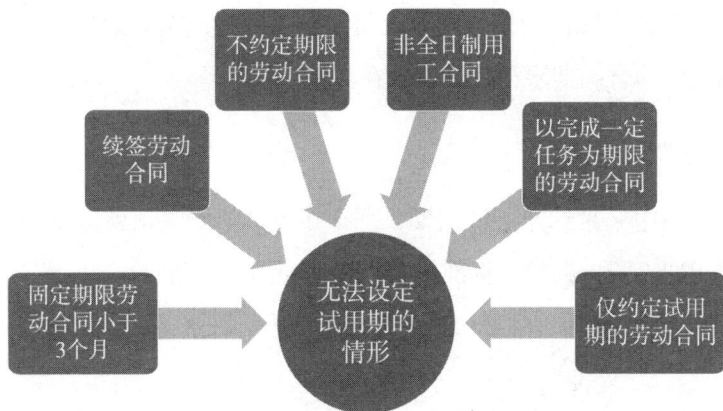

图 2-6　无法设定试用期的情形

3. 试用期的期限

试用期的期限主要是根据劳动合同的合同期限进行设定的。由于以完成一定任务为期限的劳动合同不能约定试用期，续签的无固定期限劳动合同也无法设定试用期，因此试用期的期限与固定期限劳动合同的关联最大，具体内容如图 2-7 所示。

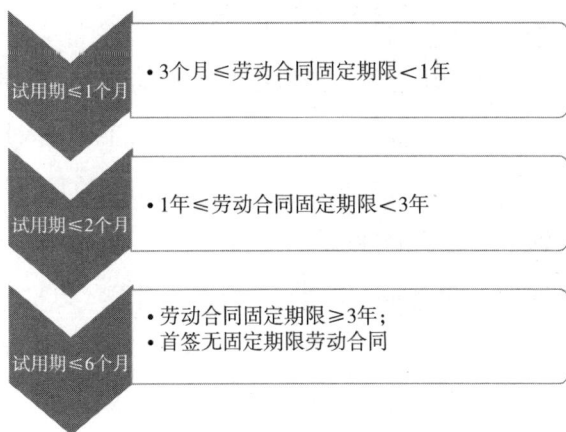

图 2-7　试用期的期限与固定期限劳动合同的关联

在设定试用期期限的过程中，劳动合同期限 1 年和 3 年是一个比较常见的分割节点。从图 2-7 中我们可以看出，签订 1 年期限的劳动合同和签订 2

年期限的劳动合同在试用期的期限上是完全一致的。企业如果需要设定较长的试用期，劳动合同期限往往会设置在 3 年。

4. 试用期工资

劳动合同中一旦约定了试用期，那么在劳动报酬一项就需要约定试用期工资。试用期工资标准包括标准线和底线，如图 2-8 所示。

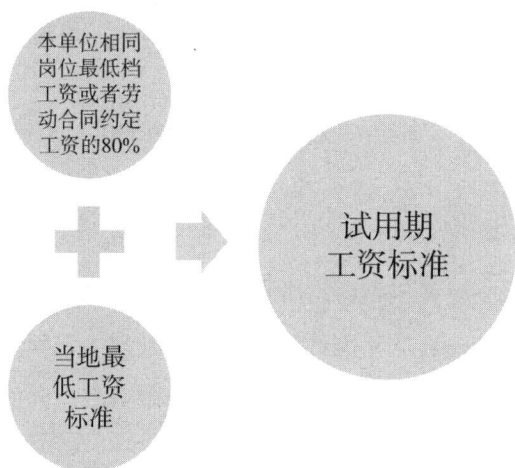

图 2-8　试用期工资标准

试用期工资的底线为不能低于当地最低工资标准。试用期工资的标准线又分为两条。第一条标准线是人力资源从业者在实际操作过程中用到最多的，即不低于劳动合同约定工资的 80%。例如，小陈的月薪是 5 000 元，那么他的试用期工资不得低于 4 000 元。

第二条标准线为不低于本单位相同岗位最低档工资的 80%。例如，小陈的月薪是 5 000 元，岗位为人力资源专员，公司内部人力资源专员岗位分为初级、中级和高级。人力资源初级专员的工资为 4 000 元，那么小陈的试用期工资不得低于 3 200 元。

从企业合法合规降低用工成本的角度来说，第一条标准线的操作性更强。主要原因如下。

（1）人力资源从业者不了解试用期工资存在双标准线，以为试用期工资的设定标准只有"不低于劳动合同约定工资的80%"这一条标准线。

（2）企业没有完善清晰的岗位层级体系。在这种情况下，即便人力资源从业者熟悉双标准线，但是在岗位相同又很难区分挡位的情况下，更合规的选择便是采用最常见的标准线。

（3）造成劳动者的流失与误解。按照第二条标准线设定的试用期工资虽然合法合规但是有可能会低于劳动合同约定工资的80%，有些劳动者会认为企业涉嫌违反劳动法，从而引发不必要的误解。

5. 规章制度相关

考虑到时间、成本和便捷性，不少企业会在劳动合同中加入其他内容，如规章制度、竞业限制协议、服务期协议等，想要达到签一次字、生效多份协议的效果。其实，这样做带来的劳动争议并不少，主要原因如下。

首先，约定与规定的生效效力不同。例如，规章制度并非劳动者签字即合法有效，而是要通过民主程序等一系列流程后才能生效。

其次，不同的劳动者对应的协议内容会有差异，需要人力资源从业者关注到每位劳动者的具体情况。同时考虑到《中华人民共和国民法典》出台后对于格式条款的相关规定，竞业限制协议、服务期协议等通常需要二次签订来细化约定，这就相当于浪费了人力资源从业者的时间和精力。

三、劳动合同的红线条款

劳动合同作为企业和劳动者约定的协议合同，合同条款在一定程度上受到相关法律的限制和规定。例如，前文提到的双方约定放弃缴纳社会保险的行为就属于违反法律的红线。那么，在实际操作中还有哪些红线条款是需要人力资源从业者注意的呢？

（1）试用期期限与工资；

（2）最低工资标准与工资支付周期；

（3）工时制度的选择；

（4）工作时间的设定；

（5）加班费的计算与支付；

（6）特殊工种下的劳动保护；

（7）合同双方的适格主体。

在劳动合同的签订过程中，企业和劳动者需要遵守基本的法律规定，明确各自的权利和义务，保证劳动合同的有效性。

第五节　劳动合同的生效与无效

并非所有经过用人双方约定并且签字盖章的劳动合同都是有效的劳动合同。在实际操作中，劳动合同的有效性分为图 2-9 所示的三类。

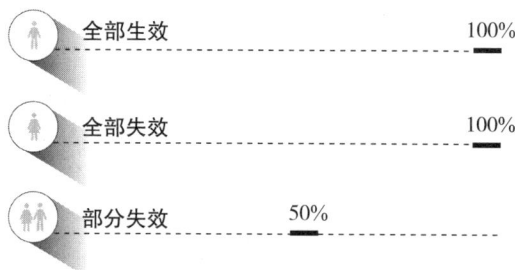

图 2-9　劳动合同的三类有效性

一、全部生效

劳动合同全部生效不仅是指双方的行为生效，也是指劳动合同中的约定内容生效，企业和劳动者都需要遵守劳动合同中的全部约定。一份完全生效的劳动合同需要同时具备以下三个条件：

（1）主体合法合规：一方具备市场主体资格，一方具备劳动者个体资格；

（2）内容合法合规：合同内容遵循相关法律的规定，合同中无违反法律规定的条款；

（3）手续合法合规：签订手续不具有欺诈、胁迫、抵押等强制性或欺骗性。

二、全部失效

劳动合同全部失效是指用人双方签订的劳动合同不具备法律效力，既不能作为企业日常用工管理的依据，也不能作为发生劳动争议时的证据。存在以下情形的劳动合同会被认定为全部失效：

（1）通过欺诈、胁迫等方式签订的劳动合同；

（2）双方口头约定的劳动合同；

（3）通过抵押劳动者相关证件（如身份证、学历证书等）来签订的劳动合同。

三、部分失效

劳动合同部分失效是指用人双方签订劳动合同的行为虽然具备法律效力，但劳动合同中的部分内容不具备法律效力，企业和劳动者只能遵守劳动合同上的部分约定。存在以下情形的劳动合同会被认定为部分失效：

（1）企业在劳动合同中免除自身法定责任或排除劳动者权利的；

（2）劳动合同中的内容违反现有劳动法律规定的。

需要注意的是，在劳动合同部分失效的情况下，并不影响其余部分的效力，其余部分仍然有效。

许多劳动合同会有附件，即附加文件，这是因为用人双方约定的内容在原有的劳动合同中无法描述详尽、完整，如前文提到的劳动报酬，部分岗位需要参考公司的考核文件，那么考核文件通常就会作为附加文件出现。常见的劳动合同附加文件主要分为以下两类：

（1）直接出现在劳动合同中的附加文件，如绩效考核制度、员工手册等；

（2）在劳动合同的基础上额外签订的文件，如劳动合同补充条款、劳动合同变更协议书等。

劳动合同附加文件与劳动合同具有同样的法律效力，因此附件文件的内容依然需要合法合规。

第六节　续签劳动合同的流程

当劳动合同即将到期时，是否续签劳动合同，如何正确续签劳动合同等都是劳动合同管理过程中不可忽视的问题，图 2-10 梳理了续签劳动合同的流程。

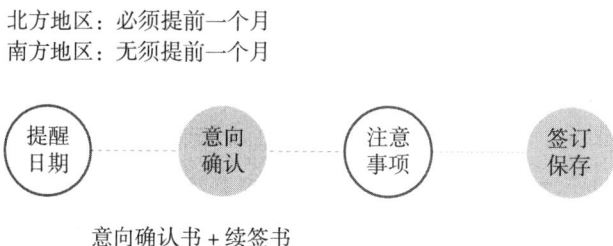

图 2-10　续签劳动合同的流程

一、提醒日期

我国现行法律并没有明确规定在劳动合同到期时，企业需要提前通知员工。不同地方的实施条例中存在着明显的差异。例如，以北京为代表的北方地区规定，劳动合同到期前 30 天，企业需要通知劳动者是否续签，如果没有通知而单方面解除合同，企业需要向劳动者支付代通金。以上海为代表的南方地区则不要求企业提前通知员工是否续签劳动合同，也没有处罚措施。地方性法规政策的不同造成了不同地区的人力资源从业者在面对劳动合同即将到期的员工时，会有不同的操作规程。

二、意向确认

意向确认既包括企业对劳动合同续签的意向确认，也包括劳动者对劳动合同续签的意向确认。确认内容包括是否续签劳动合同以及按哪种标准续签。

三、注意事项

在续签劳动合同的过程中，通常会出现时间紧、任务重的情况。时间紧是指在无须提前 30 天通知的地方，续签劳动合同的整体流程不会给人力资源从业者留出较为宽裕的时间；任务重是指续签劳动合同常常会遇到员工的拖延甚至是拒绝。

以"续签劳动合同的约定条件要求不低于原有劳动合同"的条款为例，如何定义劳动条件并没有明文规定，这就会使企业和劳动者产生认知分歧。笔者认为续签劳动合同中提到的劳动条件和劳动合同必备条款中的劳动条件并不相同。前者是指广义的整体条件，即包括了工时制度、工作时间、工作地点、工作内容、工作报酬、社保公积金等整体的劳动条件；后者则是指狭义的劳动办公条件。

四、签订保存

这里的签订保存特指续签劳动合同的签订和保存，这是因为整个续签过程中的相关用工文本比单独签订劳动合同时的文本更多，也更加复杂。作为解决劳动争议的重要依据，文本的签订保存至关重要。

第七节　企业未签合同需要向员工支付双倍工资

根据现有的相关法律规定，在发生事实劳动关系的情况下，如果企业超过 1 个月没有与劳动者签订劳动合同，就需要向劳动者支付双倍工资。

在实际操作过程中，企业向劳动者支付双倍工资必须同时满足以下条件。

1. 发生事实劳动关系

从用工之日起，劳动者与企业就存在了事实劳动关系。

2. 超过 1 个月

此处的 1 个月可以按照 30 天来计算，也可以根据公式计算，即 X 月 Y 日-（X+1）月（Y-1）日。例如，5 月 2 日为用工之日，那么 1 个月的截止时间最晚为 6 月 1 日。

3. 企业原因

确认没有签订劳动合同时，需要区分是企业主观原因、个人主观原因还是客观不可抗力因素造成的。只有企业主观原因造成的应签未签劳动合同才会有双倍工资的惩罚。企业主观原因是指企业在有条件的情况下没有及时向劳动者做出签订劳动合同的举动或意向。

4. 没有签订劳动合同

在第一章中我们曾分析并得出结论，具备劳动合同必备条款且符合相关法律规定的录取通知书也可以被视为劳动合同，因此双倍工资对应的劳动合同应当是广义的劳动合同，而不是狭义的劳动合同。

5. 劳动者不同意倒签

个别企业由于管理疏忽或历史遗留问题，没有及时与劳动者签订劳动合同，发现这种情况后企业会和员工协商，进行劳动合同的倒签，也就是在合同日期处签回用工之日。

劳动者有同意倒签或不同意倒签两个选择。如果劳动者愿意倒签，则表明双方就劳动合同的签订问题达成一致；如果劳动者不同意倒签，企业可能面临向员工支付双倍工资的惩罚。

文本示范

劳动合同

（通 用）

甲方（用人单位）：_____

乙方（劳动者）：_____

签订日期：_____年____月____日

注意事项

一、本合同文本供用人单位与建立劳动关系的劳动者签订劳动合同时使用。

二、用人单位应当与招用的劳动者自用工之日起一个月内依法订立书面劳动合同，并就劳动合同的内容协商一致。

三、用人单位应当如实告知劳动者工作内容、工作条件、工作地点、职业危害、安全生产状况、劳动报酬以及劳动者要求了解的其他情况；用人单位有权了解劳动者与劳动合同直接相关的基本情况，劳动者应当如实说明。

四、依法签订的劳动合同具有法律效力，双方应按照劳动合同的约定全面履行各自的义务。

五、劳动合同应使用蓝、黑钢笔或签字笔填写，字迹清楚，文字简练、准确，不得涂改。确需涂改的，双方应在涂改处签字或盖章确认。

六、签订劳动合同时，用人单位应加盖公章，法定代表人（主要负责人）或委托代理人签字或盖章；劳动者应本人签字，不得由他人代签。劳动合同由双方各执一份，交劳动者的不得由用人单位代为保管。

甲方（用人单位）：＿＿＿＿＿＿＿＿＿＿＿＿＿＿＿

统一社会信用代码：＿＿＿＿＿＿＿＿＿＿＿＿＿＿＿

法定代表人（主要负责人）或委托代理人：＿＿＿＿＿＿＿

注册地：＿＿＿＿＿＿＿＿＿＿＿＿＿＿＿＿＿＿＿＿

经营地：＿＿＿＿＿＿＿＿＿＿＿＿＿＿＿＿＿＿＿＿

联系电话：＿＿＿＿＿＿＿＿＿＿＿＿＿＿＿＿＿＿＿

乙方（劳动者）：＿＿＿＿＿＿＿＿＿＿＿＿＿＿＿＿

居民身份证号码：＿＿＿＿＿＿＿＿＿＿＿＿＿＿＿＿

（或其他有效证件名称＿＿＿＿＿证件号：＿＿＿＿＿＿）

户籍地址：＿＿＿＿＿＿＿＿＿＿＿＿＿＿＿＿＿＿＿

经常居住地（通信地址）：＿＿＿＿＿＿＿＿＿＿＿＿＿

联系电话：＿＿＿＿＿＿＿＿＿＿＿＿＿＿＿＿＿＿＿

根据《中华人民共和国劳动法》和《中华人民共和国劳动合同法》等法律规定，甲、乙双方遵循合法、公平、平等自愿、协商一致、诚实信用的原则订立本合同。

一、劳动合同期限

甲、乙双方自用工之日起建立劳动关系，双方约定按下列第＿＿种方式确定劳动合同期限。

1. 固定期限：自＿＿年＿月＿日起至＿＿年＿月＿日止，其中，试用期从用工之日起至＿＿年＿月＿日止。

2. 无固定期限：自＿＿年＿月＿日起至依法解除、终止劳动合同时止，其中，试用期从用工之日起至＿＿年＿月＿日止。

二、工作内容和工作地点

乙方的工作岗位是＿＿＿＿＿＿＿，岗位职责为＿＿＿＿＿＿＿。乙方的工作地点为＿＿＿＿＿＿＿＿＿＿＿＿＿＿＿＿＿＿＿＿。

乙方应爱岗敬业、诚实守信，保守甲方商业秘密，遵守甲方依法制定的劳动规章制度，认真履行岗位职责，按时保质完成工作任务。乙方违反劳动纪律的，甲方可根据依法制定的劳动规章制度给予相应处理。

三、工作时间和休息休假

根据乙方工作岗位的特点，甲方安排乙方执行以下第＿＿种工时制度。

1. 标准工时工作制。每日工作时间不超过 8 小时，每周工作时间不超过 40 小时。由于生产经营需要，经依法协商后可以延长工作时间，一般每日不得超过 1 小时，特殊原因每日不得超过 3 小时，每月不得超过 36 小时。甲方不得强迫或者变相强迫乙方加班加点。

2. 依法实行以＿＿＿＿为周期的综合计算工时工作制。综合计算周期内的总实际工作时间不应超过总法定标准工作时间。甲方应采取适当方式保障乙方的休息休假权利。

3. 依法实行不定时工作制。甲方应采取适当方式保障乙方的休息休假权利。

4. 甲方安排乙方加班的，应依法安排补休或支付加班工资。

5. 乙方依法享有法定节假日、带薪年休假、婚丧假、产假等假期。

四、劳动报酬

甲方采用以下第＿＿种方式向乙方以货币形式支付工资，于每月＿日前足额支付。

1. 月工资____元。

2. 计件工资。计件单价为____元。甲方应合理制定劳动定额，保证乙方在提供正常劳动的情况下，获得合理的劳动报酬。

3. 基本工资和绩效工资相结合的工资分配办法，乙方月基本工资____元，绩效工资计发办法为_____。

4. 双方约定的其他方式_____。

5. 乙方在试用期期间的工资计发标准为____元。

6. 甲方应合理调整乙方的工资待遇。乙方从甲方获得的工资依法承担的个人所得税由甲方从其工资中代扣代缴。

五、社会保险和福利待遇

1. 甲、乙双方依法参加社会保险，甲方为乙方办理有关社会保险手续，并承担相应社会保险义务，乙方应当缴纳的社会保险费由甲方从乙方的工资中代扣代缴。

2. 甲方依法执行国家有关福利待遇的规定。

3. 乙方因工负伤或患职业病的待遇按国家有关规定执行。乙方患病或非因工负伤的，有关待遇按国家有关规定和甲方依法制定的有关规章制度执行。

六、职业培训和劳动保护

1. 甲方应为乙方安排必需的工作培训。乙方应主动学习，积极参加甲方组织的培训，提高职业技能。

2. 甲方应当严格执行劳动安全、卫生等相关法律法规的规定，落实国家关于女职工的特殊保护规定，建立健全劳动安全、卫生制度，对乙方进行劳动安全、卫生教育和操作规程培训，为乙方提供必要的安全防护设施和劳动保护用品，努力改善劳动条件，减少职业危害。乙方从事接触职业病危害作业的，甲方应依法告知乙方工作过程中可能产生的职业病危害及其后果，提供职业病防护措施，在乙方上岗前、在岗期间和离岗时对乙方进行职业健康检查。

3. 乙方应当严格遵守安全操作规程，不违章作业。乙方对甲方管理人员违章指挥、强令冒险作业的，有权拒绝执行。

七、劳动合同的变更、解除、终止

1. 甲、乙双方应当依法变更劳动合同，并以书面形式进行约定。

2. 甲、乙双方解除或终止本合同的，应当按照法律法规的规定执行。

3. 甲、乙双方解除或终止本合同的，乙方应当配合甲方办理工作交接手续。甲方依法应向乙方支付经济补偿的，在办结工作交接时支付。

4. 甲方应当在解除或终止本合同时，为乙方出具解除或者终止劳动合同的书面证明，并在十五日内为乙方办理档案和社会保险关系转移手续。

八、双方约定事项

1. 乙方工作涉及甲方商业秘密和与知识产权相关的保密事项的，甲方可以与乙方依法协商约定保守商业秘密或竞业限制的事项，并签订保守商业秘密协议或竞业限制协议。

2. 甲方出资对乙方进行专业技术培训，要求与乙方约定服务期的，应当征得乙方同意，并签订协议，明确双方权利义务。

3. 双方约定的其他事项：_____

九、劳动争议处理

甲、乙双方因本合同发生劳动争议时，可以按照法律法规的规定进行协商、申请调解或仲裁。对仲裁裁决不服的，可以依法向有管辖权的人民法院提起诉讼。

十、其他

1. 本合同中记载的乙方联系电话、通信地址为劳动合同期内通知相关事项和送达书面文书的联系方式、送达地址。如发生变化，乙方应当及时告知甲方。

2. 双方确认：均已详细阅读并理解本合同内容，清楚各自的权利、义务。本合同未尽事宜，按照有关法律法规和政策规定执行。

3. 甲、乙双方各执一份本合同，自双方签字（盖章）之日起生效，双方应严格遵照执行。

甲方（盖章）   乙方（签字）

法定代表人（主要负责人）

或委托代理人（签字或盖章）

年 月 日   年 月 日

————————— • ● •• —————————

续订劳动合同

经甲、乙双方协商同意，续订本合同。

一、甲、乙双方按以下第_____种方式确定续订合同期限。

1.固定期限：自_____年__月__日起至_____年__月__日止。

2.无固定期限：自_____年__月__日起至依法解除或终止劳动合同时止。

二、双方就有关事项的约定

1._____

2._____

3._____

三、除以上约定事项外，其他事项仍按照双方于_____年__月__日签订的劳动合同中的约定继续履行。

甲方（盖章）   乙方（签字）

法定代表人（主要负责人）

或委托代理人（签字或盖章）

年 月 日   年 月 日

变更劳动合同

一、经甲、乙双方协商同意，自＿＿＿年＿＿月＿＿日起，对本合同作如下变更。

1.＿＿＿＿＿＿＿＿＿＿＿＿＿＿＿＿＿＿＿＿＿＿＿＿＿＿＿＿＿＿＿

2.＿＿＿＿＿＿＿＿＿＿＿＿＿＿＿＿＿＿＿＿＿＿＿＿＿＿＿＿＿＿＿

3.＿＿＿＿＿＿＿＿＿＿＿＿＿＿＿＿＿＿＿＿＿＿＿＿＿＿＿＿＿＿＿

二、除以上约定事项外，其他事项仍按照双方于＿＿＿年＿＿月＿＿日签订的劳动合同中的约定继续履行。

甲方（盖章） 乙方（签字）

法定代表人（主要负责人）

或委托代理人（签字或盖章）

年 月 日 年 月 日

（以上文本均为人力资源与社会保障部在 2019 年发布的示范文本。）

劳动合同签收回执

本人收到公司发出的通知日期为 ×× 年 ×× 月 ×× 日的劳动合同，并对劳动合同中所述内容无任何异议。

通知书签收人：××

×× 年 ×× 月 ×× 日

劳动合同到期员工处理意见表

姓名		部门	
合同到期时间		____年__月__日	

处理时限要求（由职能部门填写并负责办理）

1. 本表应于_____年_____月_____日前送达用人部门

2. 用人部门应于_____年_____月_____日前回复意见

3. 公司应于_____年_____月_____日前签署意见

4. 公司如需要终止合同，应提前30天于_____年_____月___日前向员工送达劳动合同终止通知书，并于合同期满前3天终止员工的相关工作并完成交接

5. 如续订合同，应于_____年_____月___日前完成续订流程

用人部门意见（请打"√"选择）：

□ 终止，按合同期满终止流程操作

□ 续订，按合同续订流程操作

续签_____年期合同

部门经理：_____　　_____年____月____日

备注：

试用期延长通知书

致_____部门_____（姓名）：

　　根据您与公司签订的劳动合同，您的试用期将于____年__月__日结束。经部门管理人员及企管部调查考核，综合您的考核结果与实际表现，您的实际能力未能达到公司要求，因此公司决定将您的试用期延长__个月，直

至＿＿年＿月＿日止，以作深入考核。

如您认可并接受上述条件，请在本通知书上签名确认交回公司存档。

本通知书一式两份，员工与企管部各留存一份。

甲方（盖章）   乙方（签字）

法定代表人（主要负责人）

或委托代理人（签字或盖章）

年　月　日   年　月　日

答疑解惑

1. 员工第一次签固定期限合同是 3 年，那么第二次签 3 年还是 5 年？有些企业管理者认为第二次应该签 5 年，这样签第三次合同的时间会晚些，企业的风险会小些，真的是这样吗？

答：我国现行相关法律中并没有对固定期限劳动合同里的合同期限做出明确规定，因此合同期限主要由用人双方进行约定，或者企业从用工管理的角度来抉择。第二次签订劳动合同实际上是一个承上启下的过程。从承上的角度来说，企业已经无法根据合同期限的长短约定试用期了，而从启下的角度来说，第二次劳动合同到期后就会面临第三次签订劳动合同，也就是形成了无固定期限劳动合同的可能。

因此，从承上的角度来看，续签 3 年还是 5 年并没有区别，而从启下的角度来看，在两次合同期限总和不超过 10 年的情况下，续签的时间越长越好，也就是说，续签 5 年比 3 年更合适。如果企业管理者考虑的是无固定期限劳动合同的风险，那么第二次续签应该签 5 年或 6 年。

那么，风险是否会因此大大降低呢？答案是未必。因为合同期限的拉长意味着企业等待劳动合同到期终止的过程会相当漫长。企业一旦违法终止劳动合同，依然要支付劳动者经济赔偿金甚至恢复劳动关系。同时，在劳动合同期限过长的情况下，如果劳动者在履行过程中遇到"三期"等需要延长劳动合同的情形，企业就可能会面临与劳动者签订无固定期限劳动合同的问题。

综上所述，无论第二次签订合同的期限是 3 年还是 5 年，人力资源从业者都需要明确告知管理者企业面临的不同风险，权衡之后再作决定。

2. 企业与新员工（入职半个月左右）还没签订劳动合同，管理者认为他不适合该岗位，如果现在解雇他，没签订劳动合同会有影响吗？

答：劳动合同签订和试用期解雇是两条不同的路线。由于事实劳动关系并不是只有签订了劳动合同才存在，因此处理试用期解雇的流程并不会因为没签订劳动合同而受到影响，并且劳动合同只需要在用工之日起 1 个月内签订即可。

虽然不影响试用期解雇流程，但劳动合同中的部分内容却可能影响试用期解雇过程中的细节操作。例如，劳动合同的期限只有 2 个月，那么试用期本身并不存在，在解雇过程中就要依据正式员工的解雇方式进行操作。

再如，企业解雇的原因为试用期员工不符合录用条件，而原录取通知书中并没有约定录用条件，劳动合同中虽然约定了录用条件，但劳动者尚未签订劳动合同，并不知晓录用条件，企业也没有通过其他有效的书面形式告知过劳动者录用条件，这种情况下企业就无法基于此原因解雇劳动者。

实例分析：录取通知书能否代替劳动合同

人力资源从业者有时会遇到这样的情况：为员工办理离职手续时，突然发现和该员工没有签订或是漏签了劳动合同，按照《中华人民共和国劳动合同法》第八十二条的规定，用人单位自用工之日起，超过一个月不满一年未与劳动者订立书面劳动合同的，应当向劳动者每月支付二倍的工资。面对这种情况，人力资源从业者该怎么办？

　　除了补签劳动合同外，录取通知书也可以证明企业已经和劳动者订立了劳动合同。我们看看下面这个案例。

【案例介绍】

　　A公司于2016年8月在某网站发布招聘广告，B员工投递简历，双方通过发送电子邮件方式进行协商。

　　2016年10月19日，A公司向B员工发出录取通知书，内容为A公司正式录用B员工担任投融资总监一职，试用期为3个月，起始薪资为月薪50 000元（包含全额绩效），个人所得税从工资中扣除。年终公司根据业绩发放奖金，并代扣个人所得税等。A公司告知B员工该录取通知书的有效期至2016年11月15日（即B员工的最晚入职日期为11月15日）。2016年11月7日B员工到A公司处工作，岗位为投融资总监，A公司以银行转账的方式向B员工发放工资，但是，双方并未签订书面劳动合同。

　　2017年6月17日，B员工以A公司未与自己签订劳动合同为由向A公司发出解除劳动合同书，并要求A公司给予自己一定的经济补偿，次日A公司签收解除劳动合同书。

　　B员工与A公司的确没有签订书面的劳动合同，他们之间是否建立了劳动关系呢？很显然，A公司与B员工已经形成了事实劳动关系。

　　这个案例最终的法律判决是A公司与B员工签订劳动合同，不需要支付双倍工资。虽然A公司确实没有和B员工签订过一份名为劳动合同的协议文书，但是以电子邮件的方式给B员工发出过录取通知书。在前文中我们提到过，由于录取通知书没有强行规定具体的内容，因此录取通知书中的内容往往是基于双方的真实意图出现的。例如，在本案中，A公司给B员工发出的录取通知书的内容为"A公司正式录用B员工担任投融资总监一职，试用期为3个月，起始薪资为月薪50 000元（包含全额绩效），个人所得税从工资中扣除。年终公司根据业绩发放奖金，并代扣个人所得税等。"录取通知书中包含了甲乙双方信息、薪酬福利、工作岗位、社保缴纳、试用期、工作地点等。这些内容恰恰是劳动合同中的必备条款。因此涵盖了劳动合同必备条款的录取通知书实际上也起到了劳动合同的作用，员工在认可了该录取通知书效力的同时也就意味着员工已经"签订"了劳动合同，录取通知书从本质上取代了劳动合同的地位。录取通知书能否代替劳动合同主要看图 2-11 所示的几个因素。

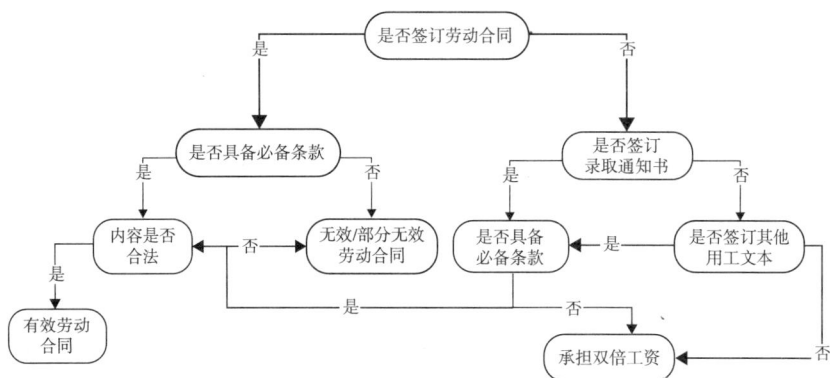

图 2-11　录取通知书能否代替劳动合同

总结与思考：电子劳动合同管理过程中的注意事项

进入数字化时代后，传统的用工管理方式也在发生着变化，如电子劳动合同的诞生与运用。涉及异地办公或集团性企业在用工管理中，基本上都会和员工签订电子劳动合同。

那么，在电子劳动合同的管理过程中有哪些注意事项呢？

1. 电子化效力生效条件

目前，我国关于电子劳动合同已经有了较为成熟的管理体系及法律法规，包括《中华人民共和国合同法》《中华人民共和国电子签名法》《关于数据电文证据若干问题的解答》《国务院关于在线政务服务的若干规定》等。电子劳动合同是否有效力可以从图 2-12 中介绍的三个角度进行判断。

由于在电子化过程中许多书面证据都会被电子证据取代，在此笔者总结一下日常事务中常见的电子证据，包括短信、邮件、传真、网页、微信与QQ（聊天软件）、公司系统（OA）、钉钉等。那么，人力资源从业者需要采取哪些方法使这些电子证据产生效力呢？

（1）形成证据链，不要只用一个电子证据来证明一个重要事实。

（2）适当情况下对重要的电子证据进行公证。

（3）电子证据尽量采用无法篡改或难以篡改的形式。

（4）注意对电子证据进行存档备案，必要时可多人发送。

电子化行为本身是否被认可	• 《中华人民共和国合同法》：书面形式是指合同书、信件和数据电文（包括电报、电传、传真、电子数据交换和电子邮件）等可以有形地表现所载内容的形式 • 《中华人民共和国签名法》：能够有形地表现所载内容，并可以随时调取查用的数据电文，电子视为符合法律、法规要求的书面形式
电子化内容本身是否被认可	• 内容本身是否合法合规 • 双方对于预定内容是否协商一致
电子签名和印章是否被认可	• 《国务院关于在线政务服务的若干规定》：政务服务中使用的符合《中华人民共和国电子签名法》规定条件的可靠的电子签名，与手写签名或者盖章具有同等法律效力 • 司法和实践均已认可这类行为

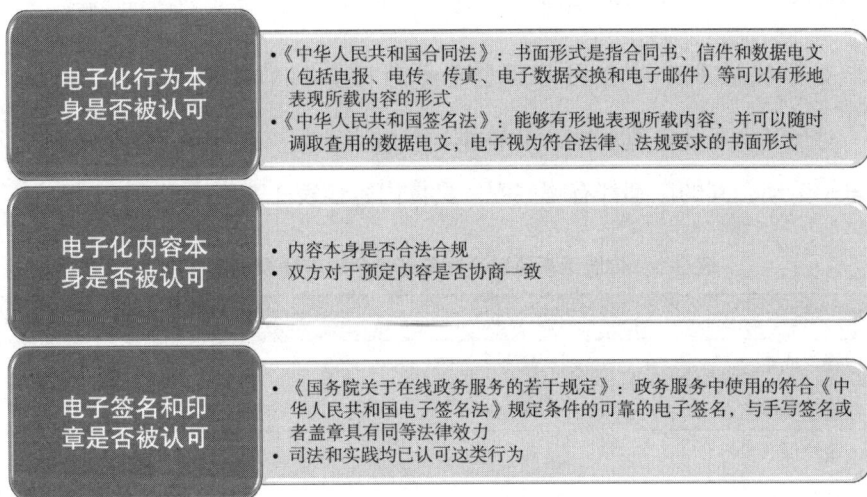

图 2-12　电子劳动合同是否有效力

2. 电子化能否全面取代书面化

既然电子证据已经得到了司法和实践的认可，那么电子化是否会全面取代书面化呢？表 2-4 分别说明了书面化和电子化的优缺点。

表 2-4　书面化和电子化的优缺点

形式	书面化	电子化
优点	证明成本低 证据效力强 不易被篡改	工作效率高 工作成本低 保存成本低
缺点	工作效率低 工作成本高 保存成本高	证明成本高 证据效力弱 容易被篡改

人力资源从业者的工作效率确实随着电子化的普及提高了，但是每年发生的劳务纠纷、民事纠纷、商务纠纷也是同比例的上升，在这些纠纷中，电子化的弊端是显而易见的。所以，如果不能解决电子化效力证明的成本、效力和篡改等问题，书面化证据仍然是不可替代的。

3. 传统纸质劳动合同与新型电子劳动合同的区别

对比了电子化证据和书面化证据的优缺点之后，传统纸质劳动合同与新型电子劳动合同的区别都有哪些呢？具体内容如表 2-5 所示。

表 2-5　传统纸质劳动合同与新型电子劳动合同的区别

项目	传统纸质劳动合同	新型电子劳动合同
签约成本	高	高
签约效率	低	高
签约保管	难	易
签约流程	难	易
签约取证	易	难

从签约成本上看，尽管传统纸质劳动合同需由专人管理，耗费人力、物力、财力，新型电子劳动合同并不需要这些成本，但新型电子劳动合同需要一个平台，许多企业必须借助第三方才能实现，如 i 人事、法大大、上上签等。所以，传统纸质劳动合同和新型电子劳动合同对成本的消耗几乎相同。

签约效率和签约保管是新型电子劳动合同明显优于传统纸质劳动合同的

特色。除此之外，签订形式的多样化也是新型电子劳动合同的优点。手机、计算机等都可以作为劳动者签订电子劳动合同的媒介与工具，对企业和劳动者而言既便捷又方便。

4. 劳动合同电子化对人力资源工作流程的改变

当企业的劳动合同实现电子化后，签约流程势必会发生一定的改变。过去劳动合同的签订流程如图 2-13 所示。

图 2-13 过去劳动合同的签订流程

全国性或集团性的企业对于外地员工劳动合同的签订和保管可能更为烦琐，流程更多，不确定性更强。当劳动合同实现电子化后，签订流程会发生图 2-14 所示的变化（以企业采购第三方机构为例）。

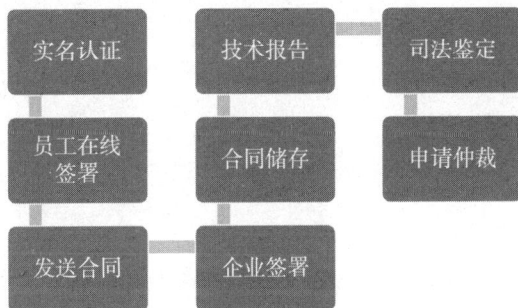

图 2-14 电子化劳动合同的签订流程

其中，技术报告、司法鉴定及申请仲裁都是根据企业需要提出的，并非每份劳动合同都需要。

如果人力资源从业者直接通过微信、电子邮件等方式和劳动者确认劳动合同，但没有劳动者的亲笔签名，这样的劳动合同是否有效呢？前文已经说到了，微信、电子邮件等属于电子证据的范畴，要使该劳动合同在没有劳动者亲笔签名的情形下生效，人力资源从业者可以采用以下方式：

（1）通过电话、语音等确认劳动者的身份，这是身份确认的有效行为；

（2）确认劳动者实际履行该劳动合同超过一个月且无异议，这是合同推定的有效行为。

由此可见，尽管未来一段时间业界还会对"业务+形式+流程+取证+判定"的形式做出调整和改变，但电子化的趋势已经到来，并且不只涵盖劳动合同，还会辐射到企业用工管理的其他文件。

第三章

全方位解析集体合同、派遣协议和外包协议

对话：自从有了工会，集体合同的签订变得更加便捷了

小陈：公司最近要新进一批员工，都是同样的岗位，我们要忙起来了。

小王：你们公司这么大，如果有工会，你们的工作会便捷不少吧？

小陈：公司最近在研究成立工会，我们也在权衡工会对工作的影响。

小王：与大批新进员工签订集体合同，可以采用与工会协商确定的方式，比和员工单独沟通方便多了。

第一节　集体合同和劳动合同的区别

集体合同和劳动合同虽然都带有"合同"二字，但在实际操作中两者却有着巨大的差别。集体合同和劳动合同的区别及详细解析如表 3-1 和表 3-2 所示。

表 3-1　集体合同和劳动合同的区别

区别	劳动合同	集体合同
合同主体	用人单位与劳动者	用人单位与工会或职工代表
合同签订程序	双方直接签订	事先协商，集体讨论
合同的生效条件	依法订立生效	签订后报送劳动行政部门，15 日无异议即生效
合同的内容	双方权利义务	整体性措施
合同的适用范围	仅适用签订者	企业内同类型职工
合同的法律依据	《中华人民共和国劳动法》《中华人民共和国劳动合同法》《中华人民共和国劳动合同法实施条例》……	《中华人民共和国劳动法》《中华人民共和国劳动合同法》《中华人民共和国工会法》《集体合同规定》……
合同效力问题	高	低
合同续订提醒时间	最多提前 1 个月	一般为提前 3 个月
合同期限	灵活约定，协商为主	最短 1 年
合同种类	固定期限、无固定期限、以完成一定项目为期限	以固定期限为主
合同定性	法律规定和协商约定	以劳动合同的补充为主

在多数情况下企业与劳动者会签订劳动合同，对于大中型企业来说，与劳动者签订集体合同更加便捷高效，在劳动用工问题的管理上也更加统一，但限制规定会比直接签订劳动合同更多，需要人力资源从业者做好风险防控。在表 3-2 中，笔者对劳动合同与集体合同最主要的区别，即"合同的内容""合同效力问题"和"合同定性"做了详细全面的说明。

表 3-2　集体合同和劳动合同区别的详细解析

区别	劳动合同	集体合同
合同的内容	（1）用人单位的名称、住所和法定代表人或主要负责人 （2）劳动者的姓名、住址和居民身份证或其他有效身份证件号码 （3）劳动合同期限 （4）工作内容和工作地点 （5）工作时间和休息休假 （6）劳动报酬 （7）社会保险 （8）劳动保护、劳动条件和职业危害防护 （9）法律、法规规定应当纳入劳动合同的其他事项	（1）集体劳动的劳动报酬 （2）工作时间 （3）休息休假 （4）劳动安全卫生 （5）保险福利等事项 （6）工资调整机制 （7）女职工权益保护
合同效力问题	（1）若两者约定不同，一般以福利较好的约定为准 （2）劳动合同中劳动报酬和劳动条件等标准不得低于集体合同	
合同定性	（1）劳动合同对劳动报酬和劳动条件等标准约定不明确，引发争议的，用人单位与劳动者可以重新协商；协商不成的，适用集体合同规定；没有集体合同或集体合同未规定劳动报酬的，实行同工同酬；没有集体合同或集体合同未规定劳动条件等标准的，适用国家有关规定 （2）劳动合同对劳动者月工资未明确约定，集体合同（工资专项集体合同）对岗位相对应的月工资有约定的，按集体合同（工资专项集体合同）约定的与劳动者岗位相对应的月工资确定	

　　企业可以同时签订劳动合同与集体合同，即使只签订了集体合同也被视为签订了劳动合同。因此，企业选择签订哪种类型的合同需要从日常管理层面去判断。

第二节　劳务派遣协议和劳务外包协议的本质区别

　　劳务派遣协议和劳务外包协议的名称不会影响企业用工的实质，而用工模式会产生对应的协议文本。劳务派遣协议和劳务外包协议的区别如图 3-1

所示。

管理要素
劳务外包：过程与结果管理在人力资源机构
劳务派遣：过程与结果管理在甲方企业
1

盈利要素
劳务派遣：X 元/人/月固定服务费+服务内容
劳务外包：$X\% \times$ 薪资流水（元/人/月）
2

关系要素
劳务派遣：劳动关系
劳务外包：非劳动关系或劳动关系
3

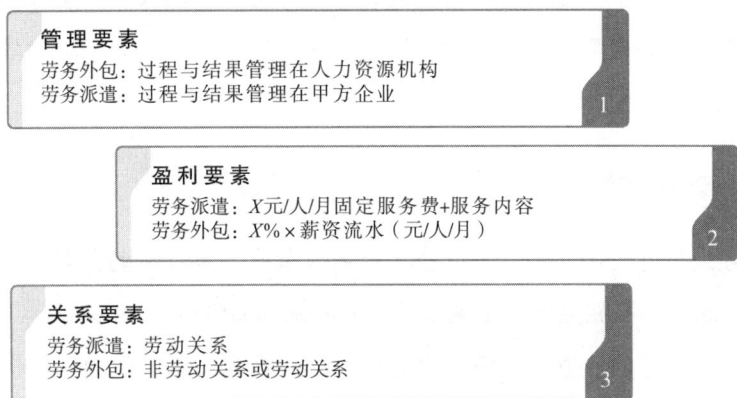

图 3-1　劳务派遣协议和劳务外包协议的区别

一、管理要素

在劳务派遣和劳务外包的模式中，三方关系的管理要素并不相同。

劳务派遣"用工不用人"+"派遣工退回"的规定决定了无论是过程管理还是结果管理都会以甲方企业为主。因此，在劳务派遣协议中会明确派遣工需要遵守甲方企业的相关制度和规定，接受甲方企业的监督与管理。

劳务外包"包工包料"的特点决定了无论是过程管理还是结果管理都会以人力资源机构为主，劳动者需要接受人力资源机构的管理。因此，在劳务外包协议中即使劳动者在甲方企业的工作地点办公，双方也会约定一位"项目负责人"作为管理要素中的重要组成部分。

二、盈利要素

劳务派遣和劳务外包作为两种不同类型的用工模式，它们所对应的盈利模式和方法也不相同。劳务派遣主要以派遣公司对派遣工的"个人管理"为主，而"个人管理"的服务内容更加标准化与统一化。因此，在劳务派遣协议中，服务收费模式通常为 X 元/人/月，属于典型的按人头盈利。

劳务外包主要以人力资源机构对整体劳务的"人+事管理"为主，服务内容很难做到统一化与标准化。因此，在劳务外包协议中，服务费通常是按劳动者的相关报酬的一定比例收取，并非是固定金额，属于典型的按项目盈利。

三、关系要素

在劳务派遣的业务中，派遣公司必须与派遣工签订劳动合同，建立劳动关系。因此，劳务派遣的用工关系是十分明确和清晰的。

在劳务外包的业务中，由于没有相关法律规定，因此人力资源机构与劳动者之间、甲方企业与劳动者之间均会形成各种不同类型的关系，既可以是劳动关系，也可以是非劳动关系。因此，在劳务外包协议中，双方会事先就用工关系的种类和归属问题进行明确约定。

第三节　派遣协议与外包协议的注意事项

派遣协议与外包协议分为如下四类：

1. 甲方企业与派遣公司签订的派遣协议；

2. 派遣公司与派遣工签订的劳动合同；

3. 甲方企业与人力资源机构签订的外包协议；

4. 人力资源机构与个人签订的用工合同。

派遣协议与外包协议适用的法律如表 3-3 所示。

表 3-3　派遣协议与外包协议适用的法律

项目	合同类型	适用法律
派遣业务	派遣协议	《中华人民共和国劳动合同法》《劳务派遣暂行规定》《中华人民共和国民法典》《中华人民共和国劳动合同法实施条例》《中华人民共和国社会保险法》《最高人民法院关于审理劳动争议案件适用法律问题的解释》及地方性条例、意见、办法等
	劳动合同	《中华人民共和国劳动合同法》《劳务派遣暂行规定》《中华人民共和国劳动合同法实施条例》《中华人民共和国社会保险法》《最高人民法院关于审理劳动争议案件适用法律问题的解释》及地方性条例、意见、办法等
外包业务	外包协议	《中华人民共和国民法典》《人力资源市场暂行条例》等
	用工合同	根据不同的用工关系适用不同的法律

在以劳务外包为代表的外包业务中，人力资源机构与劳动者既可能建立劳动关系，也可能建立非劳动关系，因此在用工合同的法律适用问题上，人力资源从业者要基于实际的用工关系参考。

劳务派遣和外包的不同特性使得人力资源从业者在签订合同协议的过程中需要注意一些细节。除了签订类型、群体差异外，即便是劳动合同，派遣业务的劳动合同和外包业务的劳动合同也存在差异。其中最常发生争议的约定条款就是员工发生意外伤害后，企业和人力资源机构的责任归属与处理方式（如表 3-4 所示）。

表 3-4　员工发生意外伤害时企业与人力资源机构的责任和义务

项目	合同约定情形	合同未约定情形
派遣业务	1. 派遣公司负责工伤申报、鉴定与赔付，用工企业负责提供材料、信息证明 2. 派遣公司负责申报、鉴定工伤，用工企业负责提供材料、信息证明和赔付 3. 其他约定情形，如约定赔付比例等	派遣公司负责工伤申报、鉴定和赔付，用工企业负责提供材料、信息证明

（续表）

项目	合同约定情形	合同未约定情形
外包业务（劳务外包、业务外包型）	1. 人力资源外包机构负责工伤申报、鉴定和赔付，并负责提供材料、信息证明 2. 派遣公司负责申报、鉴定工伤，用工企业负责提供材料、信息证明和赔付 3. 其他约定情形，如约定赔付比例等	人力资源外包机构负责工伤申报、鉴定和赔付，并提供材料、信息证明

　　无论是派遣业务还是劳务外包类业务，劳动者的用工关系都隶属于第三方。因此，从雇主责任的角度出发，第三方原则上需要承担主要的义务和责任。在双方没有任何事先约定的情况下，一旦劳动者发生意外伤害，第三方就要负责工伤申报、鉴定、赔付等主要工作。如果合同协议中对意外伤害责任进行了明确分工，则可以根据双方约定来操作。

文本示范

集体合同

单位名称：＿＿＿＿＿＿＿＿＿＿＿＿＿＿＿

单位住所：＿＿＿＿＿＿＿＿＿＿＿＿＿＿＿

注册类型：＿＿＿＿＿＿＿＿＿＿＿＿＿＿＿

职工人数：＿＿＿＿＿＿＿＿＿＿＿＿＿＿＿

使用文本须知

1. 本集体合同所称甲方为用人单位，即企业、民办非企业单位及实行企业化管理的事业单位；乙方为职工一方。

2. 甲、乙双方有义务应对方要求及时、如实向其提供与签订集体合同有关的情况和资料。

3. 经协商一致的集体合同草案应当提交职工代表大会或全体职工讨论通过。

4. 集体合同由工会代表乙方与甲方签订；尚未建立工会的，由上级工会指导职工推举的代表与甲方签订。

5. 集体合同签订后，甲方应当在十日内将集体合同文本及有关资料报送劳动保障行政部门。劳动保障行政部门自收到集体合同文本之日起十五日内未提出异议的，集体合同即行生效；提出异议的，甲、乙双方对异议部分进行协商修改，履行集体合同签订程序后重新报送。

6. 甲方应当自集体合同生效之日起十日内，以书面形式向全体职工公布。

7. 本集体合同为示范文本，在使用时可根据实际情况增加或者删改章节、条文，也可以就工资调整机制、劳动安全卫生、女职工权益保护等事项另行订立专项集体合同。

8. 本集体合同未尽事宜，按法律、法规和规章的规定执行，没有规定的，通过双方集体协商解决。

甲方：___（用人单位名称）___

乙方：___（职工方名称）___

为维护职工和用人单位的合法权益，构建和谐、稳定的劳动关系，根据《中华人民共和国劳动法》《中华人民共和国劳动合同法》《中华人民共和国工会法》和原劳动和社会保障部《集体合同规定》等规定，甲、乙双方遵循合法、公平、诚信的原则，经协商一致，签订本合同。

第一章　劳动用工管理

第一条　甲方应当自用工之日起一个月内与职工订立书面劳动合同，保障职工享有劳动权利和履行劳动义务。

工会应当帮助、指导职工与用人单位依法订立和履行劳动合同。

第二条　甲方在制定、修改或者决定有关劳动报酬、工作时间、休息休假、劳动安全卫生、保险福利、职工培训、劳动纪律以及劳动定额管理等直接涉及职工切身利益的规章制度或者重大事项时，应当经职工代表大会或者全体职工讨论，与工会或者乙方代表平等协商确定。

在规章制度和重大事项实施过程中，工会或者乙方认为不适当的，有权向甲方提出，通过协商予以修改完善。

甲方采取＿＿＿形式将上述规章制度和重大事项决定告知全体职工。

第三条 甲方与职工订立、履行、变更、解除和终止劳动合同，以及支付经济补偿金，按照法律、法规和规章，以及甲方依法制定的规章制度的有关规定执行。

第四条 依法签订的集体合同对甲、乙双方具有同等约束力。甲方与职工订立的劳动合同中的劳动条件、劳动报酬等劳动标准不得低于本合同规定的标准，低于本合同的按照本合同规定执行。企业的规章制度与本合同不一致的，按照本合同执行。

第五条 甲方单方面解除职工的劳动合同，应当提前＿＿日将理由告知工会，工会应在＿＿＿日内反馈意见；工会有不同意见的，甲方应当研究工会的意见，并在＿＿＿日内将处理结果以书面形式通知工会。职工因此申请仲裁或提起诉讼的，工会应依法给予支持和帮助。

第二章 劳动报酬

第六条 甲方遵循按劳分配和同工同酬的原则，依法制定工资分配和支付制度时，应当事先与乙方进行集体协商。

第七条 甲、乙双方每年根据本单位利润、劳动生产率、劳动力市场工资指导价位、工资指导线、最低工资标准、城镇居民消费价格指数等变动情况，就职工年度工资水平、工资调整办法和工资总额进行协商。

经协商确定，＿＿＿年度职工平均工资水平不低于＿＿＿元，工资总额增长幅度不低于＿＿＿%（或者职工工资随本单位经济效益的提高而正常增长，挂钩比例为本单位利润总额增长＿＿＿%，职工工资总额增长＿＿＿%）。

＿＿＿年度工资总额增量按以下办法分配＿＿＿＿＿＿＿＿＿＿＿＿＿＿＿＿

第八条 甲方确定调整劳动定额或者计件工资标准时应当遵循科学合理

的原则，依据国家标准、行业标准和企业实际情况提出方案，事先与乙方进行协商，确定、调整的劳动定额应当使本单位同岗位百分之九十以上职工在法定工作时间内能够完成。双方约定：

1. 岗位名称＿＿＿＿ 劳动定额（工时单价／计件单价）＿＿＿＿＿

2. 岗位名称＿＿＿＿ 劳动定额（工时单价／计件单价）＿＿＿＿＿

3. 岗位名称＿＿＿＿ 劳动定额（工时单价／计件单价）＿＿＿＿＿

第九条 本单位对从事＿＿＿工作的职工发放津贴和补贴，双方约定：

津贴名称是＿＿＿＿＿＿＿，发放标准为＿＿＿＿＿＿＿；

补贴名称是＿＿＿＿＿＿＿，发放标准为＿＿＿＿＿＿＿。

第十条 职工患病或者非因工负伤停止劳动，且在国家规定医疗期内的，用人单位应当按＿＿＿标准向职工支付病假工资或者疾病救济费。

第十一条 本单位确定计发职工加班加点工资基数的方法是＿＿＿＿＿＿＿。

第十二条 本单位职工月最低工资标准不低于＿＿＿元（或者高于当地政府发布的最低工资标准的＿＿＿％）；试用期月最低工资标准不低于＿＿＿元（或者高于当地政府发布的最低工资标准的＿＿＿％）。

第十三条 甲方遵循诚实信用原则，每月＿＿＿日前通过银行工资专用账户以货币形式足额支付职工工资，不得克扣或者无故拖欠职工工资。

第三章 工作时间和休息休假

第十四条 甲方执行国家规定的职工每日工作时间不超过 8 小时，每周不超过 40 小时的工时制度，并保证职工每周至少休息一天。

第十五条 因工作性质或者生产特点不能实行标准工时制度的，经劳动保障行政部门批准，本单位在＿＿＿岗位（工种）实行不定时工作制，在＿＿＿岗位（工种）实行综合计算工时工作制。

第十六条 甲方由于生产经营需要，经与工会和职工本人协商后可以延长工作时间，一般每日延长工作时间不得超过 1 小时；因特殊需要，在保障职工身体健康的条件下延长工作时间，每日不得超过 3 小时，每月不得超过 36 小时。甲方应依法按时足额支付职工加班加点工资。

甲方安排职工在休息日工作，又不能安排同等时间补休的，应当在＿＿日内支付加班工资。

第十七条 根据《职工带薪年休假条例》，双方商定本单位的带薪年休假办法是＿＿＿＿＿＿＿＿＿＿＿＿＿＿＿＿＿。

第四章 劳动安全卫生

第十八条 甲方应严格执行《中华人民共和国安全生产法》《中华人民共和国职业病防治法》《工伤保险条例》和有关劳动保护法律法规，建立健全劳动安全卫生管理制度，严格执行劳动安全卫生规程和标准，提供符合国家规定的劳动安全卫生设施、劳动安全卫生条件和必要的劳动防护用品，落实劳动安全责任制，制定各岗位的安全操作规程。

第十九条 甲方应落实职工劳动安全教育制度，对职工进行劳动安全培训，其中从事＿＿特种岗位作业的人员，必须经过专门培训并取得特种作业资格，持证上岗，并自觉接受工会的监督检查。

第二十条 甲方与职工订立劳动合同时，应当将工作过程中可能产生的职业病危害及其后果、职业病防护措施和待遇等如实告知职工，并在劳动合同中写明，不得隐瞒或者欺骗。对从事有职业病危害作业的职工应当每年安排＿＿次职业健康检查。

第二十一条 工会应根据法律、法规和规章的规定，建立劳动安全卫生监督检查机构，监督和支持甲方加强安全生产管理，教育职工严格遵守安全操作规程，参与因工伤亡事故的调查并提出处理意见。甲方发生因工伤亡事故，应及时按有关规定上报。

第二十二条 甲方应根据季节变化，采取具体措施做好防暑降温、防寒保暖工作。

第五章 女职工特殊保护

第二十三条 甲方根据《中华人民共和国妇女权益保障法》《女职工劳动保护特别规定》等规定，对女职工实施特殊保护。

第二十四条 甲方在组织岗位竞聘时，除不适合女职工的工种或者岗位外，不得以性别为由拒绝女职工参与或者提高对女职工的竞聘标准。

第二十五条 甲方不得因女职工结婚、怀孕、生育、哺乳等情形，降低女职工的工资。在孕期、产假期、哺乳期间，甲方不得单方解除与女职工的劳动合同，变更女职工工作岗位时应当征得女职工同意，法律另有规定的除外。

第二十六条 甲方应根据女职工的生理特点和所从事工作的职业特点，对在月经期、孕期、产假期、哺乳期的女职工给予特殊保护。对孕期、哺乳期女职工不得安排加班加点和从事禁忌劳动。对怀孕七个月以上的女职工和哺乳期的女职工，上班确有困难的，经本人申请，甲方批准，可依法享有相应的产前假、哺乳假，甲方确定女职工休假期间月工资的方法是＿＿＿＿。

第二十七条 甲方应当建立女职工定期健康检查制度，按照《女职工劳动保护特别规定》，每＿＿年组织全体女职工参加一次乳腺病普查普治，并建立女职工健康档案。甲方按＿＿＿标准定期发放女职工卫生保健费。

第二十八条 甲方应当支持女职工参加政治、业务、技术培训，在单位晋职、晋级、评定专业技术职称等方面，应遵循男女平等的原则。

第六章 社会保险和福利

第二十九条 甲方依照法律、法规和规章的规定，参加养老、医疗、失业、工伤、生育等社会保险，按时为职工足额缴纳社会保险费，依法履行代扣代缴社会保险费的义务，并每年＿＿＿次向乙方公布缴纳社会保险费的情况。工会有权对甲方缴纳社会保险费的情况实施监督。

第三十条 甲方按规定为职工缴存住房公积金，双方商定＿＿＿年度住房公积金缴费比例为＿＿＿%。

第三十一条 甲方根据生产经营特点、经济效益等情况，为职工办理企业年金、补充保险、疗休养等保险和福利事项。

第七章 职业技能培训

第三十二条 甲方根据工作岗位的特点、条件和要求，按规定提取和使用职业培训经费，建立职业培训制度，对职工进行有计划的职业技能培训。

甲方制定的"职业培训经费使用方案"和培训计划应经职工代表大会或者全体职工讨论，其中用于管理人员的职业培训经费不得高于总额的____%，用于生产一线职工的职业培训经费不得低于总额的____%。

第三十三条 甲方在____年度对从事____岗位（工种）的职工进行职业技能培训。

第三十四条 甲方为职工提供专项培训费用，对其进行专业技术培训的，可以根据《中华人民共和国劳动合同法》的规定，与职工订立专项协议，约定服务期和违约责任。

第八章 合同变更、解除和终止

第三十五条 本合同有效期____年，合同期满即行终止。合同期满前三个月内，甲、乙双方应当协商续订集体合同。

第三十六条 变更或者解除集体合同适用《××省集体合同条例》签订程序的规定。未经双方协商同意，任何一方不得变更本合同。

第三十七条 有下列情形之一，致使本合同部分或者全部条款无法履行的，可以变更或者解除本合同：

（1）订立集体合同依据的法律、法规和规章已经修订或者废止；

（2）不可抗力；

（3）双方约定_____；

（4）法律、法规规定的其他情形。

第九章 其他

第三十八条 甲方尊重工会履行维护职工权益的基本职责，支持工会依法开展工作，每月____日之前按规定向工会拨缴经费。

第三十九条 用人单位应当保障协商代表履行职责所必需的工作条件和工作时间。协商代表因履行职责占用工作时间的，视为提供正常劳动。

协商代表在任期内，用人单位不得单方变更或者解除其劳动合同；其劳动合同期限短于任期的，自动延长至任期期满，但个人有严重违反劳动纪律或者用人单位规章制度等重大过失行为、本人退休或者不愿延长劳动合同期限的除外。

协商代表在任期内，用人单位不得无故调动其工作岗位和免除职务、降低职级。

第四十条 甲方每年至少向职工代表大会或职工大会报告____次本合同履行情况，每半年公布一次集体合同中的工资条款或者相应附件的履行情况。

甲、乙双方如果在履行合同过程中发现问题或提出建议，应当以书面形式报双方首席协商代表共同研究，协商处理。出现重大问题的，还应以书面形式报告职工代表大会或者全体职工。

第四十一条 因履行本合同发生争议的，甲、乙双方应当协商解决。协商不成的，可以依法申请仲裁或提起诉讼。

第四十二条 本集体合同一式三份，甲、乙双方各执一份，报送劳动保障行政部门一份。

第四十三条 本合同附件包括_____

甲方首席协商代表　　　　　　　　　　　乙方首席协商代表

（签字盖章）　　　　　　　　　　　　　　（签字盖章）

　年　　月　　日　　　　　　　　　　　年　　月　　日

————————●●●————————

派遣合作协议书

甲方（用工单位）：

法定代表人：

地址：

电话：　　　　　　　　　　　　传真：

乙方（派遣单位）：

法定代表人：

地址：

电话：　　　　　　　　　　传真：

甲、乙双方根据《中华人民共和国劳动合同法》的相关规定，本着平等互利的原则，经过友好协商，就乙方向甲方派遣人员事宜达成如下协议。

第一章　派遣与费用

第一条　派遣系指乙方按照本协议约定，将与乙方建立劳动关系的人员（下称派遣人员）派往甲方从事劳务的行为。

第二条　乙方根据甲方需求，派遣____人到甲方从事____工作。

第三条　派遣人员的工作地点、工作内容、工作岗位等由甲方根据工作需要确定。

第四条　甲方支付给乙方的劳务费

（一）派遣人员的劳动报酬；

（二）派遣人员的养老、失业、医疗、工伤社会保险（自派遣之日起由乙方办理养老保险、失业保险、医疗保险、工伤保险等社会保险）；

（三）劳务管理费。

第五条　根据派遣人员的数量，甲方每月向乙方支付劳务费____元（其中派遣人员的劳务报酬、各项社会保险费、劳务管理费按每人____元/月的标准支付）。

第二章　甲方的责任、义务与权利

第六条　甲方承担的责任与义务

（一）尊重派遣人员的民族习惯，维护派遣人员的合法权益。

（二）为乙方派往现场的工作人员提供必要的办公场所，并协助乙方工作人员做好各项服务工作。

（三）严格贯彻执行《中华人民共和国劳动合同法》的相关规定，甲方制定（执行）的安全生产、行为规范、考核办法等规章制度应向派遣人员公开，并送乙方备案，以便共同监督执行。

（四）派遣人员在甲方工作期间由于工伤事故造成伤、残、亡等，甲方应积极采取抢救措施，并及时将事故情况通报乙方，甲、乙双方共同对派遣人员的工伤事故进行处理。所发生费用由保险公司承担，工伤保险以外的所有费用由甲方承担。

（五）甲方应于派遣人员试用期满前五个工作日，以书面形式将派遣人员试工情况通知乙方（逾期视为合格），以便乙方办理相关手续。

（六）及时将派遣人员的工作、培训、考核等情况以书面形式反馈给乙方，协助乙方做好派遣人员的管理工作。

（七）对试用期满后，经证明不能胜任甲方工作的派遣人员，甲方可安排其接受必要的技能培训，若培训后仍不能胜任工作的，甲方可将派遣人员退回乙方，但应提前五天以书面形式通知乙方及派遣人员，并按照规定支付工作期间的劳务报酬、保险及乙方与派遣人员解除劳动合同依法支付的补偿金等费用。

（八）在向乙方按时支付劳务费的前提下，对因乙方原因造成的派遣人员劳务报酬、社会保险延误等问题不承担任何责任。

（九）甲方按时足额支付加班费、绩效奖金，提供与工作岗位相关的福利待遇，并代扣个人所得税。

（十）甲方不得将派遣人员再派到其他用工单位，连续用工的甲方单位应实行正常的工资调整机制。

（十一）甲方应保证派遣人员依法参加或者组织工会的权利。

（十二）甲方对派遣人员实行每天八小时工作制，甲方因生产需要安排派遣人员加班的应按国家有关规定给予调休。

第七条　甲方享有的权利

（一）甲方可对派遣人员规定试用期＿＿＿天，并有权终止不符合条件人员的试用，但应按照规定支付试用期间的劳动报酬。

（二）甲方拥有对派遣人员进行批评、教育、处罚及奖励的权利。派遣人员有下列情况之一的，甲方有权直接退返乙方，但应提前五天以书面形式通知乙方。涉及经济处罚或经济赔偿等问题时，按照甲、乙双方相关规定进行处理。

退返原因如下：

（1）严重违反劳动纪律和规章制度的；

（2）严重失职，给甲方造成＿＿＿元以上损失的；

（3）被依法追究刑事责任的；

（4）试用期内不符合甲方录用条件的；

（5）不能胜任工作或连续＿＿＿次考核为不合格。

第三章　乙方的责任、义务与权利

第八条　乙方承担的责任与义务

（一）根据甲方的要求向甲方推荐人选，并与甲方审核合格人员签订劳动合同。

合同包括三个月以上不满一年的劳动合同（试用期不超过30天），一年以上不满三年的劳动合同（试用期不超过60天），三年以上的劳动合同（试用期不超过半年）。

（二）负责对派遣人员进行基础培训，培训项目包括劳动法规和职业道德培训、安全防护培训、遵章守纪培训、职业技能培训等。

（三）乙方应当与派遣人员订立两年以上的固定期限劳动合同，同时规定乙方在派遣人员无工作期间，即在劳动合同期限之内，派遣期限未满，没有新的用工单位时，应向派遣人员按照乙方所在地人民政府规定的最低工资标准按月支付报酬。

（四）按月按时足额支付派遣人员的劳动报酬。

（五）严格贯彻执行《中华人民共和国劳动合同法》及用工单位有关安全管理的法规和规定，加强对派遣人员的安全教育管理。

（六）依法为派遣人员办理养老、失业、医疗和工伤等社会保险手续并按时缴纳保险费用；为新签及终止、解除劳动合同的派遣人员及时办理社会保险关系转移等事宜。

（七）定期安排派遣人员到指定医院体检，体检项目包括肝功能、心电图、内科、外科及耳、鼻、喉、眼科检查（招工体检费用由派遣人员自行负担）。

（八）根据甲方的工作需要，安排管理人员到甲方进行现场办公，做好服务工作。

（九）教育派遣人员严格遵守甲方的规章制度，优质、高效地完成工作任务。

（十）为派遣人员提供良好的工作环境和工作条件。

（十一）按照《中华人民共和国劳动合同法》有关工伤事故处理的规定，负责组织派遣人员进行工伤事故的处理工作。由乙方依照人员管理权限及事故处理程序进行事故申报及处理，所发生的费用由甲方负责。

（十二）由于派遣人员违反服务期的约定（如保守商业秘密），有意或无意造成重大损失的，经甲、乙双方认定或相关机构认定后，由责任人员负责赔偿，乙方应配合甲方进行追偿。

（十三）乙方根据甲方需要，可对劳务人员进行岗前培训，取得岗前培训合格证者方可到甲方工作。

第九条　乙方享有的权利

（一）乙方有权对甲方违反本协议有关条款或侵害乙方和派遣人员合法权益的行为提出书面意见及索赔要求。甲方应在收到乙方意见后的十个工作日之内，以书面形式回复乙方。

（二）乙方有权提出对甲方因违反《中华人民共和国劳动合同法》及本协议的约定擅自解除本协议进行经济赔偿的要求，甲方应按照《中华人民共和国劳动合同法》的相关规定及标准向乙方支付补偿金。

第四章　费用及结算

第十条　甲方须于每月____日前向乙方提供派遣人员上月出勤考核情况，于每月____日前以支票形式将上月劳务费支付给乙方（如遇到休息日或者法定节假日可以适当顺延但最长不能超过五日）。

第十一条　乙方收到甲方支付的费用后，须向甲方开具正式发票，并按时支付派遣人员的劳动报酬，按时缴纳派遣人员的各项社会保险。

第十二条　如遇特殊情况，甲方不能按时支付劳务费用，应提前以书面形式通知乙方，并向乙方说明原因。

第十三条　甲方不按协议规定的付款方式拨付劳务费用时，乙方可向甲方发出付款要求通知，甲方在收到乙方通知30天内仍不能按要求支付时，甲方应承担从拖欠之日起的违约责任，如超过60日仍未能支付的，乙方可单方面解除本协议，并向甲方追索所欠费用。

第十四条　加班费的计算及发放按照《中华人民共和国劳动合同法》及甲方现行规定执行。

第五章　协议终止

第十五条　本协议终止的前提条件

（一）本协议期满；

（二）发生不可抗力（如自然伤害等）致使本协议无法履行；

（三）协议任何一方宣布破产、依法解散或关闭；

（四）协议任何一方严重违反本协议条款；

（五）协议任何一方发生本章上述第（二）条、第（三）条、第（四）条的情况时，应向另一方发出书面通知，经对方书面确认后30日内解除本协议；

（六）法律、行政法规规定的其他情形；

（七）因违约致协议终止的赔偿问题，按照《中华人民共和国劳动合同法》的规定及本协议有关约定执行。

第六章　争议处理

第十六条　甲、乙双方在本协议执行过程中发生争议时，应本着协商的原则解决，协商不成时，采取诉讼的方式解决。

第七章　其他条款

第十七条　本协议未尽事宜，国家有规定的按国家规定执行，国家无规定的由甲、乙双方协商解决，或另行约定。

第十八条 本协议在履行过程中，如因颁布新的法律法规造成本协议条款必须进行修订时，均应以新的法规为准，并由甲、乙双方协商修订。

第十九条 甲、乙双方不认真履行协议，造成的损失应由责任方承担。

第二十条 本协议的有效期自____年__月__日起至____年__月__日止。如协议任何一方意欲延长本协议书的期限，则应在本协议书期满前30日内，以书面形式通知另一方，并经甲、乙双方协商一致后，重新签订书面协议。

第二十一条 本协议书一式六份。甲、乙双方各持一份正本、两份副本，副本分别送甲、乙双方财务部门、合同管理部门备案。

第二十二条 双方约定的其他事项：_____

甲方： 乙方：

代表签章： 代表签章：

年 月 日 年 月 日

退回待岗通知书

派遣员工姓名：

身份证号码：

经用工单位通知，现按退回待岗处理。具体说明如下。

退回待岗时间：自____年__月__日起。

退回事由：_____。

待岗期间工资待遇：依法按最低工资标准发放，继续享受社会保险待遇。

待岗期间要求：

1.请于____年__月___日到我单位报到；

2.待岗期间须按公司要求接受培训；

3.如公司有要求，应按公司要求到公司报到打卡；

4.待岗期间应与公司保持联系，接受公司的上岗通知；

5.其他事项以公司通知为准。

公司联系人信息：

姓名：

电话：

地址：

特此通知！

××××人力资源有限公司

年　　月　　日

签收栏

本人已经收到上述通知。本人待岗期间联系方式如下：

电话：

电子邮箱：

送达地址：

本人签名：

年　　月　　日

- ● ● ● ● ● -

劳务外包协议

甲方（发包单位）：

法定代表人（主要负责人）：

地址：

联系电话：

乙方（承包单位）：

法定代表人（主要负责人）：

地址：

联系电话：

甲、乙双方在平等自愿、协商一致的基础上，依据《中华人民共和国合同法》的相关规定，就乙方向甲方提供劳务外包服务事宜签订本合同。

1. 本合同中的劳务外包系指乙方向甲方生产服务、生活服务类岗位提供劳动力服务，并对劳动力服务的整个劳动过程进行管理，甲方基于乙方的服务，按月向乙方支付相应的外包费用。

2. 劳务外包不属于国家或行业许可的范畴，也不属于工商登记的范畴，依法成立的具有独立法人资质的有限责任公司均可承接劳务外包业务，据此，乙方具备劳务外包的服务资质。

3. 甲、乙双方均认可，乙方应当全盘接受甲方现行项目的人员，在现行项目人员不够的情形下，可以另行社会招聘。因此，对于乙方接受的甲方现行项目的人员基于接受前产生的历史遗留问题导致的将来的额外费用支出，由甲方自行处理。

4. 乙方根据甲方工作实际，通过社会招聘来满足甲方的劳务外包工作需要。

一、外包项目

乙方按照项目需求向甲方生产服务、生活服务类业务提供人员，由乙方项目人员招录并自主管理，完成甲方发包项目。

根据实际需要，甲方可就服务需求内容另行向乙方提供"需求单"，双方对项目需求进行确认后由乙方提供人员。

二、甲、乙双方的义务

（一）甲方义务

1. 甲方有权根据本公司相关规章制度对乙方的劳务服务工作进行检查、监督并考核。

2. 甲方根据实际劳务工作需求对乙方所聘用的人员提出工作要求。

3. 甲方有义务告知乙方外包项目要完成的任务和实现的目标；乙方委托甲方对乙方派驻到甲方劳务外包项目上的员工进行安全教育培训；乙方自行对员工进行劳动用工管理制度方面的培训并公示。

4. 甲方视项目的实际情况向乙方提供完成项目所需的办公场所、设施设备、车间生产线、生产原材料等，同时保证乙方开展承包业务所需的工作场地的环境和消防安全，乙方仅向甲方提供劳务服务，乙方不涉及甲方任何具体业务，不承担甲方任何具体业务的经营风险。

5. 甲、乙双方根据现场工作的实际情况核定工作服、安全帽等劳保用品，甲方在核算承包费用时一并计入，并由甲方支付给乙方，由乙方负责采购及发放，乙方不许克扣和删减，保证乙方工作人员的劳保用品符合规定。

6. 对于具有专业技术要求的项目或岗位，甲方应向乙方进行说明。

7. 甲方应按照双方约定的付款方式按时足额将应付款项汇入乙方指定账户。

单位名称：

开户银行：

账号：

行号：

8. 乙方在完成项目过程中遇到与项目完成有关的问题需要向甲方咨询的，甲方应积极给予解答。

9. 甲方应向乙方提供项目验收的标准，双方根据验收标准制作未达验收标准处理细则，并在项目完成后，在双方约定的时间内进行验收。

10. 甲方提供生产线、生产设备或其他因项目需要提供设备的，应保证相关设备的正常运转和安全性能，并定期进行维护，防止因设备故障导致的安全事故，若因甲方设备故障、甲方场地发生安全事故等原因导致外包服务人员遭受人身损害的，甲方应承担相应的赔偿责任。

11. 甲方应根据项目工作内容结合企业安全生产管理制度，定期进行安全检查，一旦检查出问题，应要求乙方积极组织安全、技术人员着重对外包服务人员的安全操作技能、自我安全防范意识和对安全危险源的辨识能力进行强化培训。

（二）乙方义务

1. 乙方负责自行召集符合甲方项目需要的劳务人员。

2. 乙方应在甲方项目所在地成立项目部，安排现场管理人员，负责项目现场的日常管理工作。

3. 乙方应按照约定的项目服务期限保质、保量地完成项目任务。

4. 乙方个别外包服务人员因故退出工作岗位的，乙方应视实际情况及时补充人员，保证项目按时完成。

5. 乙方应管理好外包服务人员，除根据甲方工作现场的实际情况，严格遵守甲、乙双方约定的相关制度外，还应自行制定各项管理办法、规章制度等，自主开展安全教育和经营管理活动。

6. 接受甲方的业务监督和安全管理，并接受甲方对完成任务情况的考核。

7. 建立各种档案。

8. 乙方应妥善保管和使用甲方提供的用品、用具，并不得改变用途和占用。

9. 管理服务人员的一切费用和人身安全等事宜及法律责任均由乙方负责，与甲方无关。

10. 乙方按甲方要求向甲方提供素质优秀的用工人员，并由乙方的工作人员对以上劳务服务人员进行管理，每月向甲方提供所属劳务人员考勤及工资表，由甲方进行审核。

11. 与劳务外包人员签订劳动合同，按月为其缴纳各项保险，任何劳务纠纷均由乙方负责，与甲方无关。

12.本合同生效后，乙方人员应根据需要进厂开展劳务管理和服务。

三、日常管理

1.乙方对承办的项目具有管理及运行的自主权，在满足甲方安全生产要求的前提下，有权决定外包服务人员的数量、构成、日常管理及项目进度安排。

2.甲方对外包服务的开展有特别要求的，应当向乙方进行说明，甲方发包的项目具有明显技术或操作规范要求的，应当向乙方提供详细的操作规范作为本合同的附件。乙方在甲方提供操作规范的前提下，必须按照操作规范的要求组织外包服务人员进场上岗。部分岗位有职称或技能要求的，甲方应作特别说明，乙方派驻的外包服务人员需具备相应的资格。

3.根据项目特点，甲方可以视情况对乙方外包服务人员进行进场前培训，使乙方人员能了解其完成甲方工作所需具备的基本条件。

4.对于其他一般性事务，乙方有权按照自己对承包项目的进度安排、工作计划组织外包服务人员开展工作，并在进场前告知甲方，甲方应协助乙方完成进场工作。

四、项目验收

1.甲、乙双方约定劳务外包期限自＿＿＿年＿月＿日起至＿＿＿年＿月＿日止。

2.甲方的项目验收方式

因劳务外包项目的特点，劳务外包服务项目均以不对甲方安全稳定生产造成影响和隐患为前提，甲方采取不定期抽查的方式检查每天完成生产经营工作任务是否受乙方劳动服务影响等，如无考核项目则视为合格，如有考核项目，甲方向乙方提出充分的理由和证明，双方确认后按考核情况执行。

验收不得影响项目的正常开展，否则造成整个项目延期的，不得视为乙方违约，验收期内甲方未提出异议的，视为验收成功。

3.项目验收内容：以甲方提供的项目验收标准为准。

4.甲方在验收中认为乙方的服务不符合双方约定的，甲方应提供证明，确属未达到验收标准的，按照未达验收标准处理细则的约定进行处理。

五、费用结算方式

1. 甲、乙双方根据项目完成及人员安置情况制作"费用结算表",约定费用明细及支付方式。

2. 费用结算＝人工成本＋运营成本＋管理成本＋其他成本

人工成本包括员工工资与法定五项社会保险。

运营成本包括＿＿＿＿＿＿＿＿＿＿＿＿＿＿＿＿＿。

管理成本包括现场驻场人员的人工成本,日常管理的办公成本,外包人员劳动事务管理成本等按每月人工成本＿＿＿＿＿＿确定。

3. 节假日加班工资按国家规定执行。

4. 其他未列入的人员工资按每月实际发生的费用拨付,管理费用一并拨付。

5. 费用的调整。如项目实际开展情况与甲方提供的数据有一定的差异(非乙方原因),或国家法律和政府相关规定发生变化(如最低工作标准、社保基数或比例、执行政策等)导致乙方服务成本增加的,双方应协商重新调整结算价格和其他相关事项。

六、日常沟通反馈机制

1. 乙方项目部作为双方日常沟通机构,甲方应指定相关人员作为项目的协调专员,负责对接乙方设立的项目部。

2. 日常沟通。甲、乙双方视具体情况可随时通过电话、邮件进行沟通或直接面谈,随时把握外包服务工作动态,及时解决工作中遇到的问题。

七、重大变化、突发事故约定

1. 如遇政策法规变化、自然灾害等不可抗力导致双方无法按约履行合同的,甲、乙双方应就合同条款进行相应的变更,无法变更或经双方协商同意的,可依法解除或终止本合同。

2. 乙方外包服务人员在工作中遭受事故伤害的,甲、乙双方均应第一时间履行救助义务,包括及时送医、垫付医疗费等,待外包服务人员住院治疗后,相关治疗费用由乙方支付。

待事故原因调查结束后，若因甲方未及时检修或排查设备设施安全隐患发生故障造成人身损害的，甲方应承担受伤害人员的损害赔偿费用，并将乙方已经支付的费用返还给乙方；若因外包服务人员故意、过失或乙方人员管理不善导致事故发生的，产生的相关费用由乙方承担，甲方有垫付相关治疗费用的，乙方应返还甲方；乙方与外包服务人员之间的权利义务划分按照双方的约定执行。

3. 若因甲方原因导致乙方项目部需要减少人员的，由此发生的人员安置成本由甲方另行向乙方支付。

4. 劳务外包服务期限内，由于第三方原因导致乙方员工受伤，需要额外支付费用的，由乙方依法向第三方索赔。

5. 合同履行期间，若乙方员工因工作原因受伤，乙方需要额外赔付的费用超出全年人工成本总额＿＿＿%的，针对超过部分，甲方应当追加相应的人工成本。

八、违约责任

1. 甲方与乙方签订本合同后，应在约定的时间内协助乙方进场，若甲方违反约定，将项目标的违约发包给第三方，则甲方应赔偿乙方因前期准备工作投入所造成的损失，包括但不限于招聘录用外包服务人员费用、组织培训费用、解除劳动合同产生的经济补偿金等，并向乙方支付合同总金额的＿＿＿%作为违约金。

2. 甲方应在约定期限内进行验收，在分段验收的情况下，因甲方延迟验收影响乙方开展下阶段工作造成损失的，责任由甲方承担，导致整个项目期限延长的，不得视为乙方违约。

3. 甲方应在约定的时间内将项目承包款打入乙方指定账户，若延迟付款，每延迟一天按照应付金额的＿＿＿%向乙方支付滞纳金。

4. 乙方应按时、保质、保量完成约定的项目，由于自身原因导致项目延期的，每延迟一天按照合同总价的＿＿＿%向甲方支付违约金。

5. 本合同执行过程中一旦出现任何一方单方面无故终止合同均视为违约，

违约方须向守约方支付合同总金额的 10% 作为违约金。在合同有效期内，任何一方单方终止合同，需要提前 30 天以书面形式告知对方，涉及违约部分由双方共同协商赔偿。

九、合同的终止与续订

合同期满后，如果甲、乙双方没有异议，则本合同按照约定自动顺延；本合同期满前一个月，甲、乙双方对续订及续订合同内容有异议的，甲、乙双方另行协商，以书面形式确定。

十、争议解决方式

本合同在履行过程中产生纠纷的，甲、乙双方协商解决，不能协商解决的，任何一方有权向所在地人民法院提起诉讼。

十一、本合同执行过程中遇到未约定或约定不清的事项，甲、乙双方可另行签订补充合同，补充合同与本合同冲突之处以补充合同为准，补充合同与本合同具有同等法律效力。

十二、本合同一式两份，双方各执一份，具有同等法律效力。

甲方（发包单位）（盖章）　　　　　　乙方（承包单位）（盖章）

法定代表人或主要负责人（签字）　　法定代表人或主要负责人（签字）

合同签订日期：　　年　月　日

合同签订地点：

答疑解惑

问：陈老师，请问劳务派遣中派遣机构与派遣工签订的劳动合同和劳动关系中企业与劳动者签订的劳动合同有哪些差异？

答：从前文中我们可以看到，劳务派遣中派遣机构与派遣工签订的劳动合同不仅要遵照《中华人民共和国劳动合同法》的相关规定，也要兼顾《劳务派遣暂行规定》中的条款。劳务派遣中的劳动合同和劳动关系中的劳动合同的差异如表3-5所示。

表3-5　劳务派遣中的劳动合同和劳动关系中的劳动合同的差异

项目	劳务派遣中的劳动合同	劳动关系中的劳动合同
必备条款	九大必备条款＋劳务派遣协议内容＋规章制度＋劳动者要求了解的其他情况	九大必备条款
选择性条款	试用期＋退回情形＋合同附件等	试用期＋合同中止＋规章制度＋合同附件等
乙方名称	派遣（员）工	劳动者
解除终止	用工企业退回情形＋派遣公司解除终止情形	直接解除终止情形

实例分析：企业与员工签订集体合同有哪些弊端

小刘所在的公司是一家上市物流公司，公司也成立了工会。公司的员工和部门比较多，大多集中在运输事业部。小刘发现运输事业部与员工签订的劳动合同基本上都属于格式条款，内容差别不大。那么，这家公司是不是更适合与员工签订集体合同呢？

从上文中我们可以看到，集体合同作为一种批量的合同形式，企业与员工签订集体合同在一定程度上会使人力资源管理工作变得更加便捷、高效。然而，从目前的整体使用率来看，多数企业还是会选择和劳动者签订劳动合同。企业与员工签订集体合同会产生哪些弊端呢？

1.欠缺灵活性

常规的劳动合同并不存在合同期限的上限和下限，也就是说双方可以签订一份为期1个月、1年、3年甚至是10年的劳动合同。集体合同虽然并没有合同期限的上限，却存在最短为期1年的下限，相比之下，集体合同缺少灵活性。

2.合同签订程序更为复杂

在劳动合同的签订过程中，只要用人双方对合同内容没有异议，签字或盖章后合同立即生效，从签订程序上说，签订劳动合同的流程并不复杂。如果企业想与员工签订集体合同则需要经过工会或职代会的事先协商，再完成集体讨论、双方签订、报送上级和行政审批等程序，15天后双方确认无异议，集体合同才能生效。与常规的劳动合同相比，集体合同的签订程序更为复杂。

3.合同续订的准备时间更长

在相关劳动法律中并没有明确常规的劳动合同续订需要提前1个月提出意向，而是由各地自行规定，如北京有需要提前通知的地方性规定。因此，从整体上看，关于劳动合同到期后是否需要续订，劳动者的态度应该更加积极、主动。集体合同则普遍要求企业需要提前三个月进行到期提醒，企业需要有更长的准备时间。

4.合同种类单一，缺乏选择性

常规的劳动合同分为固定期限劳动合同、无固定期限劳动合同和以完成一定任务为期限的劳动合同三大类，人力资源从业者在选择签订种类时可以根据实际情况进行灵活选择。集体合同的种类与劳务派遣中的劳动合同种类相似，基本上以固定期限劳动合同为主，缺乏多种选择。

5.合同整体缺乏便捷性

无论是签订流程、签订方法，还是签订生效、到期续签等，劳动合同的签订都十分便捷。集体合同的生效流程不仅耗时长，而且有可能被劳动行政部门认定为无效。因此，签订劳动合同的便捷性远远超过签订集体合同，这也是为什么许多企业在具备签订集体合同的条件下，依然选择与劳动者签订单独劳动合同的重要原因。

总结与思考：名为外包用工，实为派遣用工，企业会存在哪些风险

派遣和外包有着天壤之别，两者常见的风险如下。

1. 用工连带责任风险

在劳务派遣中，甲方企业、派遣公司和派遣工之间存在着千丝万缕的联系，这就导致甲方企业和派遣公司都需要对派遣工负责，只是它们在用工管理方面扮演着不同的角色。甲方企业主要管理工作过程与结果，简称管"事"；而派遣公司主要管理派遣工的劳务关系，简称管"人"。一旦发生劳动争议，派遣工可以将派遣公司和甲方企业作为共同被告。这就意味着，即使是"人"的管理出现了问题，甲方企业依然需要承担用工连带责任。

在以业务外包为主的劳务外包中，劳动者隶属于人力资源机构，接受人力资源机构的管理，人力资源机构承担用工风险和责任。在劳务外包业务中，人力资源机构可以和个人劳动者签订1年期限的劳动合同，而劳务派遣业务中，派遣机构和派遣工必须签订不低于2年期限的劳动合同。因此，即使在外包协议中约定由人力资源机构承担用工风险，一旦被认定为"假外包、真派遣"，甲方企业依然需要承担用工责任。

2. 派遣六性管理风险

劳务派遣"六性理论"是指劳务派遣业务的合规性需要遵从以下六个标准。

（1）派遣业务许可性

人力资源机构开展不同业务需要具备的许可经营条件不同，开展劳务派

遣业务需要人力资源机构具备劳务派遣资质，而开展劳务外包业务只需要人力资源机构具备人力资源服务许可证或对应行业的经营资质。

（2）派遣比例强制性

在劳务派遣业务中，甲方用工单位使用派遣工的数量不得超过其用工总量的10%，而劳务外包业务没有人数限制要求。

（3）派遣同工同酬性

在劳务派遣业务中，被派遣劳动者享有与用工单位的劳动者同工同酬的权利，而在劳务外包业务中，个人劳动者的收入分配完全由人力资源机构掌握，无须参考任何标准。

（4）派遣岗位辅助性

辅助性工作岗位是指为主营业务岗位提供服务的非主营业务岗位。在劳务派遣业务中，辅助性工作岗位应当经职工代表大会或全体职工讨论，提出方案和意见，与工会或者职工代表平等协商确定，并在用工单位内公示。在劳务外包业务中，对于派驻人员对应的工作内容和岗位没有相关规定。

（5）派遣时间临时性

在劳务派遣业务中，临时性工作岗位是指连续存续时间不超过六个月的岗位；而劳务外包业务不限制派驻人员的派驻时间。

（6）派遣人员替代性

在劳务派遣业务中，替代性是指甲方用工单位的劳动者因脱产学习、休假等原因无法工作时，在一定期间内可以由派遣工代替工作，同时当脱岗期满劳动者返岗后，可将派遣工退回派遣公司。而在劳务外包业务中，对派驻人员的替代性没有要求。

综上所述，在劳务外包业务中，甲方企业与人力资源机构在对人与事的管理上相对自由。一旦被认定为"假外包、真派遣"，就必须要严格按照劳务派遣的"六性理论"来操作，否则甲方企业依然面临用工风险。

3. 税务开票认定风险

由于劳务派遣和劳务外包属于完全不同的两种业务类型，因此在税务处理及开票环节也存在着较大的差异。

在甲方企业支付同等金额的条件下，劳务派遣业务遵循"差额纳税"原则，派遣公司给甲方企业开具一张普票和一张专票。普票包含派遣过程中需要给派遣工支付的工资、社保、公积金等，专票包含派遣公司的服务费用。

劳务外包业务则遵循"全额纳税"原则，人力资源机构给甲方企业开具一张专票。专票包含在整个外包过程中"人"和"事"的整体费用及服务费用。

同时，由于劳务派遣业务规定的局限性，派遣服务费用开具的发票科目和税率是固定的；而劳务外包可能涉及各行各业，服务类型并不固定，因此在专票科目和税率上也不固定。同样，一旦被认定为"假外包、真派遣"，就必须严格按照劳务派遣的税务规定进行开票纳税，否则甲方企业依然面临风险。

第四章

全方位解析保密协议和竞业限制协议

对话：人人都签保密协议和竞业限制协议，这可行吗

领导：小陈，新的保密协议和竞业限制协议完成了吗？

小陈：已经拟订完了，可以和新员工签订。

领导：好的，别忘了和所有老员工签订两份。

小陈：这……似乎不太合适吧？

领导：怎么不合适？保密和竞业不是每个员工都应该遵守的职业道德吗？

小陈：这些都是有法律规定的。

第一节 保密协议和竞业限制协议的不同点

保密与竞业限制是两个完全不同的概念，其本质都是要求员工对公司信息保密，但在法律规定和实务操作方面却存在着较大的区别。

保密协议与竞业限制协议的区别如下。

1. 法律规定不同

保密协议和竞业限制协议适用的法律规定与条款并不完全集中在一部或几部法律规定中，而是分散在不同的相关劳动法律中，笔者将重要内容涉及的法律进行了归纳和梳理：

（1）《中华人民共和国劳动合同法》对竞业整体的框架内容进行了规定；

（2）《中华人民共和国民法典》对过高及过低违约金的认定和处理进行了规定；

（3）《中华人民共和国公司法》对董事、经理的竞业禁止义务进行了规定；

（4）《最高人民法院关于审理劳动争议案件适用法律问题的解释》对竞业限制的解除和支付问题进行了规定；

（5）《中华人民共和国反不正当竞争法》对商业信息、保密措施进行了规定；

（6）地方条例意见，如深圳市对竞业限制补偿金的比例有特殊规定。

人力资源从业者需要认真学习以上法律中与保密、竞业限制相关的规定，并在此基础上对劳动者进行适当程度的约定和限制。

2. 实务操作不同

保密协议和竞业限制协议在实务操作方面有表 4-1 所示的不同点。

表 4-1　保密协议和竞业限制协议在实务操作方面的不同点

项目	保密协议	竞业限制协议
生效期	在职时间生效	离职起生效，最多不超过 2 年

（续表）

项目	保密协议	竞业限制协议
支付时效	在职期间约定支付	离职后按月支付
支付费用	按约定，可不支付保密津贴	平均工资的 $XX\%$，一般为30%左右的经济补偿金
人员范围	签订协议之人	高管、高新技术人才等
违约处罚	按约定	以违约金为主

此外，保密协议和竞业限制协议在行为操作上也不相同。保密协议对应的是泄密行为，而竞业限制协议对应的是就业行为，并不是泄密行为，也就是说，是否履行竞业限制协议和是否泄密并不是一回事，竞业限制协议只是通过限制劳动者的就业行为来达到防止劳动者泄密的目的。

第二节　保密协议的标准

许多管理者考虑到企业商业秘密的安全性，以及人员流动的频繁性，对保密问题越来越重视了。保密协议主要以双方约定为主，不同的企业对保密内容等细节的要求也不同。那么，保密协议在保密人群及保密金额方面是否存在一定的标准呢？保密协议的标准如图4-1所示。

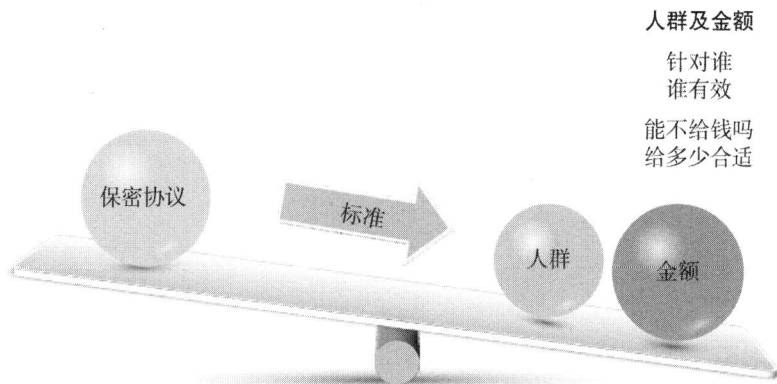

图4-1　保密协议的标准

一、保密人群标准

劳动者有保护企业商业机密的义务，企业可以要求全体员工履行保密协议。

在实际操作中，有些劳动者没有相关权限，并不会接触到企业的商业秘密，或者并不掌握企业的核心机密。那么，企业是否有必要与此类劳动者约定保密协议呢？笔者认为，企业内部不分职位与人群，全员保密是必不可少的，主要原因有以下三点：

（1）商业秘密组成的复杂性；

（2）员工之间交流的隐蔽性；

（3）劳动者对外的不可控性。

以人力资源管理工作为例，越来越多的企业将人力资源管理信息作为需要保密的内容，如薪资标准。因为薪资标准会牵涉到每一位劳动者的切身利益，稍有不慎就会出现薪资泄露的事件。一份保密协议能够有效管理劳动者在职期间的泄密问题，减少企业由此产生的损失和不利影响。

二、保密金额标准

在全员保密的情况下，保密金额的标准又该如何界定呢？由于保密津贴具有非强制性、非法定性和非标准性，在给不给钱和给多少钱的问题上，笔者建议人力资源从业者参考以下原则：

（1）同一职位下不同层级的区别对待原则；

（2）同一层级下不同职位的区别对待原则；

（3）同一职位与层级下不同员工的区别对待原则；

（4）有胜于无原则。

一些人力资源从业者觉得，既然保密是劳动者应尽的义务，那么企业就没有必要支付保密津贴。笔者认为，保密津贴不但可以作为提醒劳动者履行保密义务的警钟，也可以作为劳动者违约时惩罚他的计算标准和单位。在实务操作中，人力资源从业者可以在原有的薪资结构中加入"保密津贴"一项，这样就可以在不增加企业成本的前提下达到约束劳动者保密的目的。

第三节　竞业限制协议的生效条件

企业可以与全体员工签订保密协议，竞业限制却不行。因为竞业限制协议的生效需要具备一定的条件，如果无法满足将会被认定为无效。竞业限制协议的生效条件包括图4-2所示的四类。

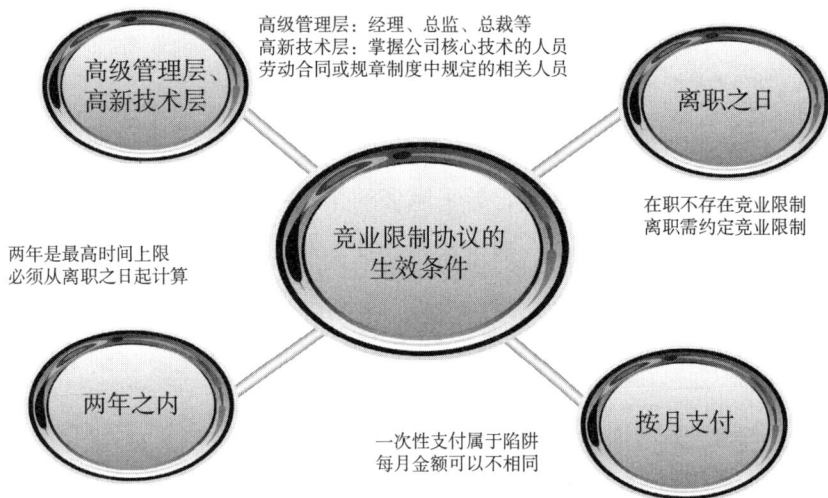

图 4-2　竞业限制协议的生效条件

一、人员属性

可以进行竞业限制的人有以下三类。

1.高级管理人员

常见的如上市公司的董事、监事和高级管理人员，人力资源从业者可以参考《中华人民共和国公司法》中竞业禁止的相关范围。同时，企业中常见的副总经理、总监等均属于可以约定竞业限制的高级管理人员。

2.高级技术人员

此类人员并不一定是企业管理层，但由于其在从事技术研发的过程中，需要接触到一些核心代码，甚至参与核心项目、未公开项目的计划和统筹，所以他们也是企业竞业限制的对象。这种现象在互联网行业中更为常见。

3. 其他负有保密义务的人员

此处的描述比较宽泛，同时也给了企业更多约定的权利与空间。企业需要在协议中明确商业秘密的范围，确定劳动者是否属于负有保密义务的人员。例如，A 公司的 HRBP（人力资源业务合作伙伴）因个人原因离职，向A 公司报备的是将在某资产管理公司任 HRD（人力资源总监），实际上他却入职了 A 公司的竞争对手 B 公司，随后 A 公司开始启动竞业限制调查、仲裁和诉讼，最终该 HRBP 被判赔偿 A 公司 60 万元。

由此可见，虽然竞业限制并非覆盖全体员工，但人力资源从业者需要掌握各种方法定义商业秘密，以及判断劳动者是否符合条件。

二、节点属性

竞业限制的启动时间是企业与劳动者结束劳动关系后。劳动者在职或未入职期间即使签订了竞业限制协议，也无法生效执行。如果企业希望劳动者在职期间也达到类似竞业限制的目的和效果，可以利用保密协议限制泄密行为，结合劳动合同和规章制度限制劳动者的就业行为。

三、时长属性

竞业限制从劳动关系结束后开始计算时长，最多不超过两年。具体时间可以由双方根据实际情况约定。如果某员工掌握的商业信息不需要保密两年，企业也可以选择提前解除或终止竞业限制协议。

四、支付属性

如果企业要求员工履行竞业限制协议，就必须按月支付竞业限制补偿金，也就是说，企业按月支付竞业限制补偿金是竞业限制协议生效的必备条件。

如果企业没有在协议中对竞业限制补偿金进行约定，是否会影响竞业限制协议生效呢？实际上，竞业限制协议中缺少竞业限制补偿金这一项不会直接影响竞业限制协议的生效，因为竞业限制补偿金本身也存在一定的法律规定标准。

只有同时满足以上四大生效条件，竞业限制协议才能生效。需要注意的是，即使劳动者符合以上四大条件，但企业与劳动者没有签订竞业限制协议，竞业限制行为也无法实现。

第四节　如何合理设定竞业限制的金额及时限

竞业限制补偿金在实务中存在以下三条线。

1. 最低标准的底线。每月的竞业限制补偿金不得低于劳动合同履行地最低月工资标准。

2. 一般标准的中线。在司法解释中已明确，对于没有明确约定竞业限制补偿金金额的，按照劳动者在劳动合同解除或者终止前 12 个月平均工资的30% 计算。因此我们可以理解为，30% 属于一般标准的中线。

3. 特殊标准的基线。部分城市对于竞业限制补偿金的标准有特殊的规定，如深圳的基准线为 50%。

人力资源从业者可以根据竞业的实际情况并结合上述三条线来确定竞业限制补偿金的标准。

考虑到竞业限制的人员薪资各异，因此企业在确定竞业限制补偿金的时候往往会选择员工离职前 12 个月平均工资的 30% 这条中线。笔者认为，这条中线虽然合法，但可能达不到竞业限制的效果。前文提到过，竞业限制是通过对个人的就业限制来达到防止泄密的目的，那么在设定补偿金金额的时候，就需要考虑个人掌握的商业信息的数量及重要程度。对于掌握众多重要商业信息的员工，企业提供的竞业限制补偿金应当比一般竞业限制人员更多，这样才能降低个人泄密的可能性。

在竞业限制的实现方面同样需要注意合理性的问题。两年只是法定的竞业限制最长期限，企业的商业机密能否维持两年；商业机密一旦公开或销毁，对企业来说继续要求员工履行竞业限制就没有意义了，支付竞业限制补偿金也就属于消耗成本。因此，是否设定两年的竞业限制期限并为此支付竞业限制补偿金需要企业管理者慎重思考，更何况，如果企业提前解除竞业限制还需要额外支付三个月的竞业限制补偿金。

第五节　如何合理设定员工违反竞业限制协议的情况

在实务中，如何定义是否违反竞业限制协议主要从两个方面来考量，即行业业务和岗位工作。协议中会通过以下四个方面来约定，如图 4-3 所示。

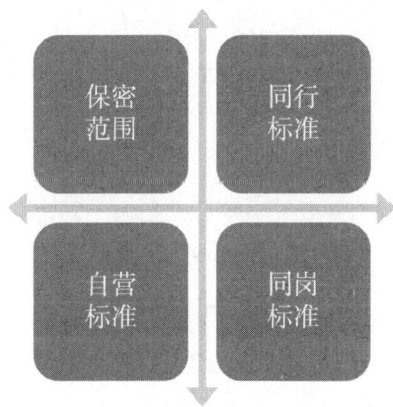

图 4-3　设定员工违反竞业限制协议的四个方面

一、保密范围

结合《中华人民共和国反不正当竞争法》等相关规定，企业要求员工保密的信息可分为技术信息、业务信息、经营信息、管理信息和第三方信息等。

二、同行标准

同行主要是指与本企业相同行业、类同行业抑或是与本企业主营业务有交叉的企业。同行标准并没有法律规定，因此在设定同行标准时，为了能够最大限度地达到竞业限制的目的，企业会尽可能扩大同行标准。

在竞业限制协议中对于同行业的描述，除了特定的竞争对手外，企业通常会将劳动者不能从事的行业及企业的主营业务进行比较泛化的约定。例如，在餐饮行业中，除了要求劳动者禁止继续从事餐饮行业外，还会要求其禁止从事互联网餐饮行业，甚至会要求劳动者禁止在经营范围中包括餐饮业务的企业里任职。

三、自营标准

劳动者离职后无论是自主经营与原公司主营业务相关的企业，还是从事与原公司主营业务相关的自由职业，对企业而言都会产生一定的影响。因此，在竞业限制协议中，企业不仅会限制劳动者的灵活就业权，还会限制劳动者的自主创业与自主经营权。

四、同岗标准

有些企业虽然没有需要竞业限制的业务，但是其岗位的特殊性可能会泄露企业的商业秘密。因此，在竞业限制协议中主要针对原企业的岗位或工作内容进行就业限制。

综上所述，在实务操作中合理设定员工违反竞业限制协议的情形包括以下几类。

（1）禁止劳动者离职后在××行业的企业里直接或间接地以雇员（全职或兼职）、咨询者、顾问、股东、董事、合作方、合伙方等方式形成任何关系。

（2）禁止劳动者离职后直接或间接从事和拟从事与原企业主营业务形成竞争关系的业务。

（3）禁止劳动者离职后直接或间接涉及原企业主营业务或在其中拥有任何利益。

（4）禁止劳动者离职后直接或间接在其他企业中任职 ×× 岗位，或以 ××（顾问）之名从事与原企业 ×× 岗位相同或类似的工作。

第六节　保密协议和竞业限制协议解除的四种情况

保密协议的生效与解除相对容易操作，竞业限制协议生效不仅需要满足上文提到的四个条件，在解除时也存在图 4-4 所示的四种情况。

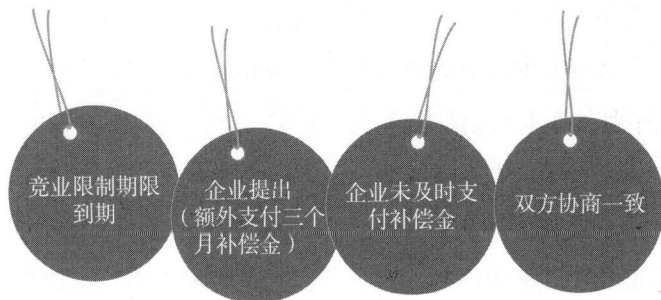

图 4-4　竞业限制协议解除的四种情况

一、竞业限制期限到期

竞业限制协议到期后属于协议自然解除，如果双方需要另行约定，可以在两年期限内操作。竞业限制协议到期时企业无须支付任何费用。

二、企业提出

企业提出解除竞业限制协议主要是基于企业认为无须再通过限制劳动者的就业权来达到保密的目的了，例如，劳动者掌握的秘密已经公开或者不再重要，同时企业不愿再承担剩余的竞业限制补偿金，所以提前提出解除竞业限制协议。根据现有规定，如果是企业单方提出解除协议，就需要额外向劳动者支付三个月的竞业限制补偿金。这就意味着，如果双方的竞业限制协议即将在三个月内到期，企业就无须再进行单方解除。

如果企业在与劳动者刚结束劳动关系时提出无须履行竞业限制协议，是否还需要额外向劳动者支付三个月的竞业限制补偿金呢？实际操作中并不支持，因此结束劳动关系的时候是用人双方对于是否履行竞业限制的最后约定期限。

三、企业未及时支付补偿金

因用人单位的原因导致劳动者三个月未收到竞业限制补偿金的，劳动者可以请求解除竞业限制协议。此处就要求劳动者提出请求，而不是自动解除，也就是说如果企业没有及时支付补偿金，而劳动者也没有要求解除竞业限制协议，那么竞业限制效力依然存在。劳动者也可以申请要求企业支付已经履行的三个月的竞业限制补偿金。

四、双方协商一致

由于竞业限制属于非强制性规定，因此是否需要履行竞业限制、履行多久竞业限制、是否结束竞业限制等问题，在不违反现有法律规定的情形下都可以进行协商。

由此可见，个人提出想要单方解除竞业限制协议在法律上是行不通的，因为双方已经签订竞业限制协议并生效了，即便劳动者在违反竞业限制协议后已经支付了违约金，也依然需要继续遵守竞业限制协议的约定。竞业限制协议并不会因此而自动解除，除非双方对此另有约定。

文本示范

商业秘密保密协议（参考文本）

甲方（用人单位、披露方）：＿＿＿＿＿＿＿＿＿＿＿＿＿＿＿＿

法定代表人：＿＿＿＿＿＿＿＿＿＿＿＿＿＿＿＿＿＿＿＿＿

统一社会信用代码：＿＿＿＿＿＿＿＿＿＿＿＿＿＿＿＿＿＿

电话：＿＿＿＿＿＿＿＿＿＿＿＿＿＿＿＿＿＿＿＿＿＿＿＿＿

传真：＿＿＿＿＿＿＿＿＿＿＿＿＿＿＿＿＿＿＿＿＿＿＿＿＿

地址：＿＿＿＿＿＿＿＿＿＿＿＿＿＿＿＿＿＿＿＿＿＿＿＿＿

乙方（劳动者、接受方）：＿＿＿＿＿＿＿＿＿＿＿＿＿＿＿＿

居民身份证号码：＿＿＿＿＿＿＿＿＿＿＿＿＿＿＿＿＿＿＿＿

电话：＿＿＿＿＿＿＿＿＿＿＿＿＿＿＿＿＿＿＿＿＿＿＿＿＿

职务：＿＿＿＿＿＿＿＿＿＿＿＿＿＿＿＿＿＿＿＿＿＿＿＿＿

住址：＿＿＿＿＿＿＿＿＿＿＿＿＿＿＿＿＿＿＿＿＿＿＿＿＿

甲、乙双方根据《中华人民共和国反不正当竞争法》《中华人民共和国劳动合同法》及其他有关规定，双方本着平等自愿、协商一致、诚实守信的原则，为保护甲方商业秘密，于＿＿＿年＿＿月＿＿日（以下简称"生效日"）在中华人民共和国（具体签署地址）签署本保密协议以共同执行。

第一条 合同目的描述

乙方了解甲方就其产品、研发、制造、营销、管理、客户、计算机（程序）、营运模式等业务及相关技术、服务投入的庞大资金及人力、物力，并享有经济效益及商誉；乙方知悉、参与并接触第三条（保密信息范围的条款）所述各项业务机密资料系基于甲方对乙方履行本协议之信赖。乙方若未履行或违反本协议规定，将对第三条（保密信息范围的条款）以及投资、经营、商誉或经济权益产生不利影响，甚至产生直接或间接损害，构成不公平竞争,影响产业公平秩序等,甲方将依据中华人民共和国相关法律、法规等追究其相应法律责任。

第二条 术语定义

本协议所称商业秘密,是指企业在生产经营过程中形成的不为公众所知悉,具有商业价值并经权利人采取相应保密措施的技术信息和经营信息。

第三条 保密信息的范围

经双方确认,乙方在甲方任职期间,因履行职务已经或将要接触或知悉甲方的商业秘密,包括但不限于以下内容:

(1)甲方的客户、员工、管理人员及顾问的名单、联系方式及其他相关信息,包括但不限于姓名、联系电话(移动和固定电话)、电子邮件地址、即时通信方式或社交网络地址(QQ、Skype、微信、易信、来往、Line、微博、空间等)、家庭地址等任何足以识别、联系客户、员工、管理人员及顾问的信息;

(2)与甲方经营活动有关的合同文本及法律文书;

(3)甲方经营活动中涉及的关键价格信息;

(4)甲方日常经营管理中的会议决议、会议纪要、谈判与磋商细节等资料;

(5)甲方的具体经营状况及经营策略(如营业额、销售数据、负债、库存、经营方针、投资决策意向、产品定价、服务策略、市场分析、广告策略、定价策略、营销策略等);

(6)与甲方资产、财务有关的信息(如存货、现金等资产的存放地,保险箱密码、数量、价值等,以及财务报表、账簿、凭证等);

(7)与甲方人事、管理制度有关的资料(如劳动合同、人事资料、管理资料、培训资料、工资薪酬及福利待遇资料、奖惩情况等);

(8)甲方的知识产权、专有技术等信息(如产品设计、产品图纸、生产制造工艺及技术、计算机软件程序、数据库、技术数据、专利技术、版权信息、科研成果等);

（9）根据法律、法规规定以及本协议约定需要保密的其他与技术和经营活动有关的信息。

第四条 保密信息的例外

1. 在披露时或披露前，已为公众知晓的信息或资料。

2. 能证明从甲方获得相关信息时乙方已经熟知的资料或信息。

3. 由第三方合法提供给乙方的非保密资料或信息。

4. 未使用甲方的技术资料，由乙方在日常业务中独立学习或研究获得的知识、信息或资料。

第五条 保密义务的期限

本协议的有效期为本协议签订之日起至双方解除或者终止劳动关系后__年止。其中涉及国家机密的，依照《中华人民共和国保守国家秘密法》及相关法律法规的规定执行。

第六条 保密义务的效力

乙方确认，在与甲方的劳动关系存续期间，需在任何地域内遵守本协议约定的保密义务。乙方不得以该地域不能够或者不具备形成甲方的实际竞争关系为理由，要求甲方排除本协议约定的保密义务。

第七条 积极保密义务

1. 如乙方须对外使用甲方所披露的信息，不确定该信息是否为保密信息，需通过书面形式向甲方征询，由甲方给予书面答复。

2. 乙方应自甲方按要求向其提供保密信息之日起，对相关信息予以保密，不得向任何第三方披露上述信息。

3. 为使乙方更好地履行本协议约定的保密义务，甲方应该对乙方进行保密教育及培训。

第八条 消极保密义务

1. 乙方于任职期间或离职后所知悉、接触、持有、使用的机密资料及密码，系甲方或其客户的重要资产，乙方应采取有效的措施保护该机密资料及密码，且乙方于任职期间或离职后均不得以任何方式泄露或将该机密资料及密码交付给第三方。

2. 乙方了解甲方所有计算机及其软件使用管理等信息（包括计算机数量、品牌、软件套数、名称、使用状况等）均系甲方的经营秘密，属乙方应保密范围，乙方应采取一切适当措施给予妥当保管，未经甲方同意不得以任何方式提供或泄露给任何第三方（包括甲方内部其他无关员工及甲方外部人员等）。未经甲方书面同意不得私自复制、备份或以任何方式私自或为他人留存计算机软件（包括系统软件及应用软件等）。

3. 乙方了解甲方设有专门的对外发言及信息披露制度，乙方承诺严格遵守该发言及信息披露制度。乙方了解甲方依法公布或披露甲方任何信息前，乙方不得擅自向第三人告知、传播或提供有关甲方的任何机密资料。

4. 乙方同意甲方对商业秘密的定义和界定，无论故意或过失、无论以任何形式泄露甲方商业秘密均属违约或违法行为（含犯罪行为），甲方有权视情节和危害程度对商业秘密采取保护措施，并要求乙方赔偿相关损失。乙方亦同意配合甲方调查，包括但不限于问话、交代事件过程、交付或保存事件相关资料及设备，同意甲方将存储资料、电子邮件等封存、保全，根据甲方立场配合甲方进行调查。

5. 乙方确认知晓甲方薪资保密的相关规定并承诺严格遵守执行，不告知别人自己的薪资、奖金收入及发放情况，不探听、议论、盗取、阅览别人薪资、奖金的相关情况和资料。

6. 乙方了解甲方有关诚信廉洁的规定，乙方应严格遵守，即不向甲方交易对象（包括客户、供货商或服务商等，且无论是否成交）约定或索取任何不正当利益，包括回扣、佣金、不当馈赠或招待等。

7. 乙方承诺不贪污、不挪用、不侵占、不盗窃甲方资金、财产，或不侵犯甲方的商业秘密。

第九条　知识产权条款

不论是明示还是暗示，甲方对所披露信息享有所有权或其他权利，保证未侵犯第三方的知识产权，如乙方因使用甲方的信息损害了第三方的权利，则乙方应立即停止使用该信息，并且由甲方赔偿第三方的损失，乙方不构成违约，此情形仅限于乙方因工作需要而正当使用该信息。

第十条 通知规则

1.一方在本协议履行过程中向另一方发出或者提供的所有通知、文件、文书、资料等，均以本协议所列明的地址送达，一方向另一方手机或电子邮箱发送的短信或电子邮件亦视为已送达另一方。

2.如一方迁址或变更电话、电子邮件，应当以书面形式通知另一方，未履行书面告知义务的，一方按原地址邮寄相关材料或通知相关信息即视为已履行送达义务。当面交付上述材料的，在交付之时视为送达；以邮寄、短信、电子邮件方式交付的，寄出或发出后即视为送达。

第十一条 离职事宜

1.乙方占有、使用、监督或管理的与知识产权有关的资料、机密资料为甲方财产，乙方应于离职时悉数交还甲方并保证不留有任何复制版本。

2.乙方在办理离职手续时，应依甲方要求以书面形式再次确认本协议所述义务，并接受甲方安排的离职面谈，签署相关的承诺书等文件。

3.乙方接受其他用人单位聘用或与他人合伙、合作或合资之前，应将签署本协议的相关义务通知新用人单位、合伙人、合作者或合资者。

第十二条 信息载体

1.乙方同意，乙方持有或保管地记录着甲方保密信息的一切载体均归甲方所有。前述载体包括但不限于设备、光盘、磁盘、磁带、笔记本、文件、备忘录、报告、案卷、样品、账簿、信件、清单、软件程序、录像带、幻灯片或其他图示记录等。乙方应当于离职时，或于甲方提出要求时，将前述载体交付给甲方。

2.若载体是乙方自备的，且保密信息可以从载体上消除或复制出来，甲方有权随时要求乙方将保密信息复制到甲方享有所有权的其他载体上，并把原载体上的保密信息消除，否则视为乙方已同意将这些载体的所有权转让给甲方，甲方有权不予以返还该载体，但须向乙方支付该载体经济价值相对应的费用补偿。

第十三条　违约责任

1. 乙方违反本协议任何保密义务（包括但不限于保密义务、禁止引诱与招揽义务，下同）的规定或不按约定履行乙方的保密义务将构成重大违约行为，乙方须承担违约责任。双方约定，本协议项下之违约金（以下简称"违约金"），其违约金数额相当于乙方解除或者终止劳动合同前＿个月（不足12个月的按折合成12个月的标准计算）核定工资与奖金总和的＿＿＿%。若甲方曾向乙方支付保密费，在乙方违反本协议约定的保密义务时，除支付上述违约金外，乙方还应将甲方已经累计支付的保密费全部退还甲方。若乙方的违约行为还侵犯了甲方的商业秘密等，甲方可以选择根据本协议的约定要求乙方承担相应的违约责任，或根据有关法律、法规的规定要求乙方承担相应的侵权责任。

2. 为便于计算乙方违约或侵权行为给甲方造成的损失，双方进一步约定，因乙方的如下行为造成甲方实际损失的计算标准如下：

（1）乙方违反本协议约定，泄露、倒卖甲方客户信息等造成甲方损失的计算公式：

甲方损失＝涉及甲方客户数量×（甲方单一客户开发成本＋甲方单一客户年度平均交易手续费）

（2）乙方违反本协议约定，接触、鼓动、劝说、引诱或招揽甲方员工从甲方离职去其他实体工作或提供服务，造成甲方损失的计算公式：

甲方损失＝涉及甲方客户数量×（甲方单一员工招聘成本＋甲方单一员工的年度平均工资）

（3）在任何情况下，若甲方根据上述标准计算出来的损失金额或根据其他标准计算出来的损失金额低于本协议约定的违约金标准，则双方同意根据本协议约定的违约金标准作为认定甲方实际损失的依据。

第十四条　免责事由

如任何政府部门要求乙方披露保密信息，乙方应及时以书面形式通知甲方，足以使甲方能够寻求保护或其他适当的救济。如甲方没有获得保护或救济，或丧失取得保护或救济的权利，乙方应在法律要求的范围内向政府部门披露相关保密信息，并且应采取合理措施根据甲方的要求对保密信息进行修改，并为披露的保密信息取得保密待遇。

第十五条 保密费

本协议保密费为＿＿，保密费从＿＿年＿月＿日开始，按月支付，由甲方于每月＿日通过乙方的银行账户支付。乙方银行账户如下：

开户名称：

银行账号：

开户行：

第十六条 合同的解除

双方协商确定，出现下列情形之一的，本协议自行解除或终止：

（1）保密期限届满；

（2）甲方宣布解密；

（3）甲方保密事项已经公开。

第十七条 纠纷解决程序与管辖

1.对因本协议或本协议各方的权利和义务而发生的，或与之有关的任何事项和争议、诉讼或程序，本协议双方均选择以下第＿种方式解决：

（1）向本协议签订地人民法院提请诉讼；

（2）向仲裁委员会申请仲裁。

2.若协议履行过程中双方发生诉讼或仲裁，在诉讼或仲裁进行期间，除正在进行诉讼或仲裁的部分，或者直接和实质性地受到诉讼或仲裁影响的条款外，本协议其余条款应当继续履行。

第十八条 其他

1.本协议自甲、乙双方签字盖章之日起生效，且未经双方书面协议不得补充或修改。本协议签署、履行、解释和争议解决均适用中华人民共和国法律。

2.本协议一式__份，双方各执__份，具有同等法律效力。

（以下无正文）

甲方：（盖章）   乙方：

法定代表人／授权代表：

日期：   日期：

竞业限制协议（参考文本）

甲方（用人单位、披露方）：_____

法定代表人：_____

统一社会信用代码：_____

电话：_____

传真：_____

地址：_____

乙方（劳动者、接受方）：_____

居民身份证号码：_____

电话：_____

职务：_____

住址：_____

甲、乙双方根据《中华人民共和国反不正当竞争法》《中华人民共和国公司法》《中华人民共和国劳动合同法》及有关规定，双方本着平等自愿、协商一致、诚实守信的原则，就竞业限制事宜，于____年__月__日（以下简称"生效日"）在中华人民共和国_____（具体签署地址）签署本协议以共同执行。

第一条　合同目的描述

乙方了解甲方就其产品、研发、制造、营销、管理、客户、计算机（程序）、营运模式等业务及相关技术、服务投入的庞大资金及人力、物力，并享有经济效益及商誉；乙方若未履行或违反本协议规定，对甲方投资、经营、商誉或经济权益产生不利影响，甚至产生直接或间接损害，甲方将依据中华人民共和国相关法律、法规等追究其相应法律责任。

第二条　竞业限制义务

乙方承诺在竞业限制期间做到以下几点。

1. 未经甲方同意，乙方在甲方任职期间不得自营或者为他人经营与甲方同类的业务。无论何种原因从甲方离职，乙方在劳动关系解除或终止后＿＿年（不超过两年）内，不得到（具体竞业限制区域）与甲方生产或者经营同类产品、从事同类业务的有竞争关系的其他用人单位任职，或者自己开业生产或经营同类产品、从事同类业务。

2. 乙方为证明在竞业限制期限内已履行了竞业限制义务，自乙方在劳动关系解除或终止后＿＿月内，应及时向甲方提交下列证明材料，以证明自己是否履行了竞业限制协议约定的义务：

（1）从甲方离职后，与新的单位签订的劳动合同，或者能够证明与新的单位存在劳动关系的其他证据；

（2）新的单位为乙方缴纳社会保险的证明；

（3）当乙方为自由职业或无业状态，无法提供上述（1）、（2）项证明时，可由其所在街道办事处、居委会（村委会）或其他公证机构出具关于乙方的从业情况的证明。

3. 不得利用其甲方股东等身份以任何不正当手段获取利益，不得利用在甲方的地位和职权为自己谋取私利。

4. 不得直接或间接拥有、管理、经营、控制，或参与拥有、管理、经营或控制或其他任何形式（包括但不限于在某一实体中持有权益、对其进行投资、拥有其管理责任，或收购其股票或股权，或与该实体订立许可协议或其他合同安排，通过证券交易所买卖上市公司不超过发行在外的上市公司股票3%的股票的行为除外），在竞争性区域内从事与任何在种类和性质上与甲方经营业务相类似或相竞争的业务。

5. 不得在竞争性单位或与甲方有直接经济往来的企业、其他经济组织和社会团体内接受或取得任何职务（包括但不限于合伙人、董事、监事、股东、经理、职员、代理人、顾问等），或向该类竞争性单位提供任何咨询服务（无论是否有偿）或其他协助。

6. 不得利用股东等身份做出任何不利于甲方的交易或安排；不以任何方式从事可能对甲方经营、发展产生不利影响的业务及活动，包括但不限于：利用现有社会及客户资源阻碍或限制甲方的独立发展，对外散布不利于甲方的消息或信息，利用知悉或获取的甲方信息直接或间接实施或参与任何可能损害甲方权益的行为。

7. 不得拉拢、引诱或鼓动甲方的员工离职，且不得自行或协助包括但不限于在生产、经营或销售等领域与甲方经营业务相同及（或）相似的经济实体招聘从甲方离职的人员。

8. 不得在包括但不限于生产、经营及（或）销售等领域与甲方的包括但不限于原料供应商、产品销售商等各种业务伙伴进行与甲方存在竞争关系的活动。

9. 不得自行或协助他人使用自己掌握的甲方计划使用或正在使用的一切公开及（或）未公开的技术成果、商业秘密，不论是否获得利益。

第三条　竞业限制补偿

1. 在乙方竞业限制期间，即与乙方劳动关系解除或终止后__年内，甲方每月向乙方按其离职前12个月平均工资（包括年终奖等一切劳动报酬）的____%的标准支付津贴作为补偿。

2. 支付方式为：补偿费从____年__月__日开始，按月支付，由甲方于每月__日通过乙方的银行账户支付。乙方银行账户如下：

户名：

银行账号：

开户行：

3. 如乙方拒绝领取，甲方可以将补偿费向有关机关提存，由此发生的费用由乙方承担。

第四条 违约责任

1. 甲方无正当理由不履行本协议第三条所列各项义务，拒绝支付乙方的竞业限制补偿金的（延迟支付约定的补偿金支付期限一个月以上，即可视为拒绝支付），甲方除如数向乙方支付约定的竞业限制补偿金外，还应当向乙方一次性支付竞业限制补偿总额____%的违约金。

2. 乙方不履行本协议第二条规定的义务，应当向甲方一次性支付竞业限制补偿总额____%的违约金，同时乙方因违约行为所获得的收益应归甲方所有，甲方有权对乙方给予处分。如违约金不足以补偿甲方损失，甲方还有权向乙方主张由此遭受的经济损失。

3. 前项所述损失赔偿按照如下方式计算：

（1）损失赔偿额为甲方因乙方的违约行为所遭受的实际经济损失，计算方法是：因乙方的违约行为导致甲方的产品销售数量下降，其销售数量减少的总数乘以单位产品的利润所得之积；

（2）如果甲方的损失依照第（1）项所述的计算方法难以计算，损失赔偿额为乙方及相关第二方因违约行为所获得的全部利润，计算方法是：乙方及相关第三方从与违约行为直接关联的每单位产品获得的利润乘以在市场上销售的总数所得之积；

（3）甲方因调查乙方的违约行为而支付的合理费用，包括但不限于律师费、调查费、评估费等，应当包含在损失赔偿额之内。

4. 如乙方不能按第二条第2项要求提交约定证明材料，视为乙方未履行竞业限制协议约定的义务，甲方有权参考上述条款追究乙方的违约责任。

第五条 合同的权利义务终止

双方约定，出现下列情形之一的，本协议自行终止：

1. 乙方掌握的甲方重要商业秘密已经公开，而且由于该公开导致乙方对甲方的竞争优势已无重要影响；

2. 甲方无正当理由不履行本协议第三条的义务，拒绝向乙方支付竞业限制补偿金的；

3. 甲方因破产、解散等事由终止法人主体资格，且没有承受其权利义务的合法主体；本协议权利义务的终止不影响甲、乙双方在本协议签订之前或之后签订的商业秘密保密协议的效力。

4. 竞业限制期限届满。

第六条 纠纷解决程序与管辖

1. 对因本协议或本协议各方的权利和义务而发生的，或与之有关的任何事项和争议、诉讼或程序，本协议双方均选择以下第＿种方式解决：

（1）向本协议签订地人民法院提请诉讼；

（2）向仲裁委员会申请仲裁。

2. 若协议履行过程中双方发生诉讼或仲裁，在诉讼或仲裁进行期间，除正在进行诉讼或仲裁的部分，或者直接和实质性地受到诉讼或仲裁影响的条款外，本协议其余条款应当继续履行。

第七条 其他

1. 本协议自甲、乙双方签字盖章之日起生效，且未经双方书面协议不得补充或修改。本协议签署、履行、解释和争议解决均适用中华人民共和国的法律。

2. 本协议一式＿份，双方各执＿份，具有同等法律效力。

（以下无正文）

甲方：（盖章）   乙方：

法定代表人／授权代表：

日期：   日期：

注：以上文件来自于深圳市市场监督管理局发布的深圳市地方标准《企业商业秘密管理规范》（标准编号：DB4403/T 235-2022）。

解除竞业限制通知书

××您好：

您于____年____月___日入职，经双方协商一致于____年____月___日解除劳动合同，现根据双方于____年____月___日签订的员工竞业限制协议，结合您入职后对工作的了解及掌握程度，经公司研究决定，现书面通知与您解除员工竞业限制协议。

特此告知

××有限公司

公司盖章（签字）：　　　　　　　　　　　员工签字：

日期：　　　　　　　　　　　　　　　　　日期：

答疑解惑

问：陈老师，如果工资中约定竞业限制补偿金，离职后不需要履行竞业限制约定了还需要返还吗？

答：对于这个问题，我们需要分成两个层面去理解。第一个层面是工资中约定竞业限制补偿金这个行为是否有效？第二个层面是提前预支了竞业限制补偿金后却不再需要履行竞业限制约定了，补偿金能不能返还？

对于第一个层面，虽然相关劳动法规中明确了竞业限制补偿金是在离职后支付的，但是在司法实践中，各地口径并不相同。例如，广东省高级人民法院就不认可在职期间支付竞业限制补偿金的行为效力，也有不少法院认为，如果工资中包括竞业限制补偿金的约定是双方的真实意思，而且支付的款项性质也确实是竞业限制补偿金，那么就是有效的。

如小王的薪资结构为"基本工资 + 岗位工资 + 绩效工资 + 竞业限制补偿金"，对此双方都予以认可，那么在离职后，企业在小王履行竞业限制约定时就无须再额外支付竞业限制补偿金了。

对于第二个层面，笔者认为竞业限制补偿金的本质是对劳动者就业限制的补偿，一旦劳动者离职后无须履行竞业限制，原则上是可以约定返还竞业限制补偿金的。但是，如果用人双方并没有对返还问题进行事先约定，也没有协商一致，那么企业要求返还竞业限制补偿金就很难成功。因为竞业限制补偿金的返还问题属于约定而非法定。企业在员工薪资结构中设有竞业限制补偿金，是考虑到未来员工离职时有需要采取竞业限制的可能性行为，而非一定性行为。

实例分析：竞业限制协议中是否能约定其他事项

在人力资源管理工作中，很多人力资源从业者几乎没有接触过竞业限制这个领域，加上竞业限制存在的难点比较多，还存在一些没有清晰答案的边缘地带。这些边缘地带往往会成为竞业限制支付中的"坑"。下面，笔者来盘点一下这些"坑"，同时说明该怎样规避。

－ | －

按月支付还是一次性支付

在这里我们先排除竞业限制补偿金中包含工资的情形，只介绍单纯的支付合法的竞业限制补偿金。根据《中华人民共和国劳动合同法》及相关司法解释，我们推断是按月支付竞业限制补偿金，企业按照约定的时间每月向劳动者支付竞业限制补偿金。

如果企业为了提前解除竞业限制协议，要求一次性支付竞业限制补偿金，那么根据司法解释，企业可以向人民法院提出申请，并向个人额外补偿三个月竞业限制补偿金，没有必要通过一次性支付竞业限制补偿金的方式来提前解除协议。

如果是个人要求一次性支付竞业限制补偿金，那么从法律上说，竞业限制依然存在。例如，用人双方约定了两年的竞业限制期限，竞业限制补偿金为每月 5 000 元，假设企业第一个月因个人要求一次性向劳动者发放了 12 万元，但两年的竞业限制期限依然存在。然而，从第 2 个月开始，因为企业已经一次性发放了所有的竞业限制补偿金，就会导致出现"企业连续三个月没有发放竞业限制补偿金"的现象。此时，如果劳动者根据司法解释要求解除竞业限制的话，人民法院又应当予以支持，企业就会"赔了夫人又折兵"。

因此，无论是企业还是个人提出一次性支付竞业限制补偿金，建议人力资源从业者都不要同意。

– Ⅱ –

按偶然所得纳税还是按工资、薪金所得纳税

竞业限制补偿金纳税的问题在相关法律条款上并没有明确的说明，在地方实践过程中也是意见不一。竞业限制补偿金原则上不应该按照经济补偿金的方式纳税，理由如下：

（1）2018 年年底和 2021 年年底优惠政策衔接的通知中一次性补偿收入均不包含竞业限制补偿金；

（2）竞业限制补偿金从订立起就是按月支付，而不是一次性支付，它和常规的一次性补偿收入的定义是相悖的；

（3）竞业限制补偿金是企业对劳动者就业约束的补偿，而不是因为解除劳动关系后劳动者面临失业等风险，企业提供的补偿。

实践过程中曾出现两种不同的纳税方式。其一是认为竞业限制补偿金应当按照工资、薪金所得纳税。工资的特点是具有稳定性、固定性和法律强制性。相比之下，竞业限制补偿金有法律强制性，每个月还有稳定、固定的金额，在约定时间内就得按月发放，比较符合工资、薪金所得的性质。所以有些地区是按工资、薪金所得纳税的。其二是竞业限制补偿金按照偶然所得纳税。因为在劳动者已经离职的情况下，不适用按照工资、薪金所得纳税，工

资、薪金所得是受雇员工个人所得税的纳税项目。劳动者离职后和企业便不存在劳动关系，个人收入就不应当再被认定为工资薪金所得。

- Ⅲ -

没约定每月支付是否一致

在相关司法解释中，如果用人双方没有约定竞业限制补偿金，劳动者可以按照离职前 12 个月平均工资的 30% 来申请。有些用人单位出于某些原因无法保证每月支付的竞业限制补偿金一致，所以未在竞业限制协议中明确每月支付的金额，甚至只约定了一个期限内的总额。面对这种情况，人力资源从业者该怎么办呢？

竞业限制补偿金的支付标准有双线。第一条线是未约定补偿金额的，上文已有说明；第二条线是竞业限制补偿金不得低于当地最低工资标准。结合现在的法律条款来看，虽然要求企业按月支付竞业限制补偿金，却给了企业 1 ~ 3 个月的宽限期。也就是说，只要企业在这个宽限期内支付补偿金就没有争议，若企业超过三个月仍未支付，个人可申请解除竞业限制并要求企业发放已履行部分的金额。

这就意味着，在宽限期内，企业可以选择三个月中每个月支付的补偿金金额一致，也可以选择第一个月和第二个月按当地最低工资发放，在第三个月补足；甚至是前两个月不发，在第三个月一并发放。这更加印证了上文所说的竞业限制补偿金不是固定、稳定的，它偏向于偶然所得。

-Ⅳ-

已支付的竞业限制补偿金个人如何验收

竞业限制补偿金的发放对象一般都已不在企业中，企业如何证明发放对象已收到竞业限制补偿金呢？

笔者曾处理过这样一个真实案例。A 员工和 B 公司签订了竞业限制协议，A 员工从 B 公司离职后入职 C 公司，一个多月后，B 公司以她违约为由要求她立刻离职，否则就会发起仲裁。一旦仲裁就会殃及 C 公司。于是我问她："你在 B 公司担任什么职位？对方是否给你发放了竞业限制补偿金？"她在

B公司只是一名基层员工，前几天她的银行账户收到了一笔钱，刚开始她不知道是什么钱，现在一想应该是竞业限制补偿金。我让她把竞业限制补偿金原路退还给B公司并进行退回备注说明，同时告知B公司自己的岗位不适用竞业限制协议，要求企业立即解除，否则将进行申诉。这件事就这样解决了。

鉴于发放竞业限制补偿金的特殊性，企业应当尽到多方位告知义务。例如，汇款时的备注、收现金时的签收、短信微信邮件提示等。如果个人没有任何回应，企业应当通过书面送达的形式进行告知。

–V–

如何防止支付后个人不诚信

企业要在劳动者完全遵守竞业限制协议的情况下再支付竞业限制补偿金，也就是先验证、再支付。在实际操作过程中，人力资源从业者可以通过以下这些方式验证：

（1）新企业的劳动合同；

（2）新企业的社保缴纳记录；

（3）新企业的收入发放记录；

（4）新企业的工作证明；

（5）新企业的竞业限制知悉说明书；

（6）新企业的有效信息及联系方式。

除了要求劳动者主动提供这些材料，人力资源从业者还应该主动出击进行查证。例如，人力资源从业者可以利用行业内的资源进行查证；对个人提供的材料进行多方面的查证，必要时可以上门考察和鉴定。当劳动者提供了完整的材料后，人力资源从业者在确认没有问题的情况下，方可支付竞业限制补偿金。

当然，如果劳动者并没有如实或完整提供材料证明自己已履行竞业限制约定，企业可以在协议中约定不予支付竞业限制补偿金，直至个人如实提供完整材料。在这种情况下，如果企业三个月未支付竞业限制补偿金，是不能作为上文中提到的劳动者可以提出解除竞业限制协议条件的，因为劳动者也无法证明自己已经履行了约定。

总结与思考：如何能让竞业限制协议不变成一张废纸

在实务操作中，竞业限制协议的履行困难重重。为了不使竞业限制协议变成一张废纸，企业应重点关注以下两个方面。

1. 竞业限制协议的签订时间

原则上，在劳动者刚入职时人力资源从业者就应与其签订竞业限制协议。此时是签约的最好时机，因为双方都处于"蜜月期"，劳动者对签订协议的抗拒程度是最小的；而离职时双方已经属于"分手期"，劳动者对签订协议的抗拒程度是最大的，尤其是竞业限制协议这类明显不利于劳动者后续就业的非法定性协议文本，劳动者会百般推阻。

如果企业考虑到劳动者刚入职时并不符合竞业限制的身份，也无须签订竞业限制协议，那么签订竞业限制协议的次佳时间则是劳动者接受转正、升职、加薪等时，原理与入职时期类似，只不过此时双方属于"热恋期"，好感度在持续升温，此时劳动者对签订协议的抗拒程度较小。

最不可取的签订时间便是在结束劳动关系时，以及劳动者降职、降薪等时期，此时双方属于"冷战期"，彼此对对方都有不满或抱怨，此时劳动者对签订协议的抗拒程度是很大的。

2. 竞业限制协议的违约责任

如果签订了竞业限制协议的劳动者无视协议而执意违约，人力资源从业者就要反思企业对于竞业限制的违约责任是否设置到位。一般的竞业限制协议中对于违约行为的处罚只有"违约金"。

企业要想使竞业限制协议对劳动者产生强大的震慑力，不仅要提升违约金的金额，更要在劳动者未来的就业权利上进行再限制，使劳动者真正重视竞业限制协议的约定。

第五章

全方位解析服务期协议

对话：培训完却为他人做了嫁衣

小陈：小王，鉴于你的优秀表现，公司决定为你安排一次为期两个月的脱产培训。

小王：非常感谢，请问培训期间正常发放工资吗？

小陈：脱产培训期间正常发放工资，另外由于培训的内容和费用比较特殊，需要你和公司签订服务期协议。

小王：好的，没问题。

（3个月后。）

小王：由于个人职业发展需要，现在我向公司提出离职，离职手续已经由部门领导安排好了。

小陈：好的。不过，根据协议约定，你需要退还公司因提供培训而产生的费用。

小王：没问题。

此时小王的心理状态：没事，反正新公司给我加了50%的薪资，这点培训费用我还是承担得起的。

此时小陈的心理状态：哎，又一个参加完专项培训就跳槽的员工，以后再向公司申请培训福利可就难啦！

第一节 服务期协议适用的法律条款

与竞业限制协议相比，服务期协议适用的法律条款较少且集中，如《中华人民共和国劳动合同法》和《中华人民共和国劳动合同法实施条例》中基本包含了绝大多数服务期协议适用的相关规定。服务期协议中的关键内容包括培训费用、服务期与合同期、违约金、培训人员与内容等。

其中有一项规定值得深思与探讨，那就是试用期员工提出离职，要不要向企业支付相应的培训费用？《劳动部办公厅关于试用期内解除劳动合同处理依据问题的复函》（劳办发【1995】264号）曾规定试用期员工离职不需要支付相应的培训费用。但是，2016年这个复函被废止了，之后关于此类问题便缺少了明文规定。

笔者认为，从实务的角度考虑，企业的试用期最多不会超过6个月，而为员工安排的符合法律规定的专项技术培训，无论是否脱产，都会持续一段时间。从服务期的规定中我们可以看到，该问题的核心是员工是否在试用期内、是否转正。因此，绝大多数企业只会考虑为想要转正并长期录用的员工安排专项技术培训，如果担心员工在培训后跳槽，企业可以考虑设置较短的试用期，并将培训时间与周期的设置安排在员工试用期及转正之间（如图5-1所示）。这样，即使员工刚开始接受培训的时候还在试用期，但培训结束后他已经转正了，自然需要遵守服务期协议的约定。

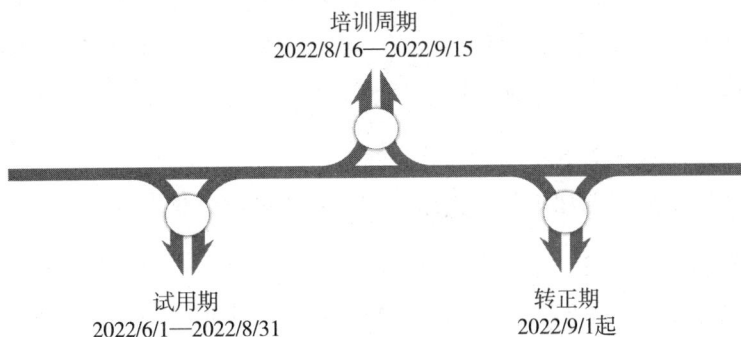

图 5-1 培训周期在试用期与转正期的选择

第二节 服务期协议生效的条件

　　和竞业限制协议一样，服务期协议属于强法定＋强约定，并非全员都能够签订有效的服务期协议，也并非所有的培训都能签订服务期协议。服务期协议生效需要具备图5-2所示的三个条件。

图 5-2 服务期协议生效的条件

一、培训内容

　　《中华人民共和国劳动合同法》将培训内容描述为"专业技术培训"，而各行各业对于"专业技术培训"的理解是完全不同的，原则上我们可以把专业技术理解为岗位对应的专业技术或工作内容对应的专业技术。企业开展"专业技术培训"的目的应该是为了让劳动者在已有的专业技能上进行提升，以便完成更为专业的工作。

　　那么，安排人力资源从业者参加经济师培训是否符合"专业技术培训"呢？首先，从事人力资源管理工作并不一定需要经济师的相关资格证书，人力资源从业者参加经济师培训是为了丰富专业知识，掌握更多的技能，从而提高工作效率。因此，企业出资安排人力资源从业者参加的经济师培训可以被认定为"专业技术培训"。

　　常见的岗前培训如新员工入职培训、转正转岗培训、不胜任培训等则不属于服务期协议中的"专业技术培训"，因为这类培训的目的主要是让劳动者更快更好地融入新的工作岗位、工作环境，更快地掌握工作内容，而不是以提高劳动者已有的专业技能为主要目的。同时，该类培训往往没有"显性成本"，在提供专项培训费用证明方面也存在着很大的难度。

二、培训人员

虽然相关法律没有对培训人员进行明确规定，但从培训内容和培训费用中我们可以看出，符合签订服务期协议的培训人员有以下两个特点。

1. 部分人员

由于岗前培训等不属于"专业技术培训"范围，因此可以明确服务期协议并不适合企业全体员工，只能对参与了"专业技术培训"的劳动者产生一定的效力。

2. 特定人员

即使企业安排了"专业技术培训"，人力资源从业者也要注意该"专业技术培训"是否与劳动者现有的岗位或工作匹配，不要为了约定服务期而随意安排并不对口的"专业技术培训"。例如，企业为了能够留住某财务人员，强行为其安排了"社群运营强化陪跑班"，并支付了高昂的培训费用。如果企业不能证明这种行为的合理性，不仅在认定上存在风险，而且会因为劳动者不愿意参加而得不偿失。

三、培训费用

约定服务期属于企业为了保留人才而运用的一种就业权限制，它和竞业限制一样通过违约金来实现，但其违约金的金额是根据培训整体费用来确定的。这就意味着，如果企业需要签订服务期协议、约定违约金，就必然要有明确的培训费用，否则这个协议就是形同虚设的。

上述几项是服务期协议生效的必备条件，缺一不可。任意条件的缺少都可能使服务期协议整体无效。

第三节　服务期协议中关于培训费用的认定

　　培训费用不仅是认定服务期协议是否有效的重要条件，而且是服务期协议中计算违约金的主要依据。专项培训费用的认定范围如图 5-3 所示。

图 5-3　专项培训费用的认定范围

专项培训费用可分为以下三种不同的类型。

1. 与培训直接关联的费用

　　与培训直接关联的费用，如培训课程的报名费、学费、资料费、会议费、学杂费、考试费等。一般来说，这些费用在确定"专业技术培训"并签订培训服务期协议的时候就已经基本确定金额或已经支付。

2. 与培训间接关联的费用

　　与培训间接关联的费用，如差旅过程中产生的交通费、住宿费、餐费等。由于"专业技术培训"有一定的周期，这些费用会贯穿于整个培训周期，且相对零散，没有固定金额，人力资源从业者需要根据劳动者的实际情况或企业财务制度进行计算并支付。

3. 因培训附加支付的费用

因培训附加支付的费用，如考察费、培训津贴等。虽然这些费用和培训有一定的关联，但并非一定会产生，人力资源从业者需要根据服务期协议中的约定进行判断。

此处比较特殊的是培训津贴。在培训过程中，如果服务期协议中有关于培训津贴的相关约定，那么企业是可以在违约金的计算中加入培训津贴的。在实际操作中，企业可以在保持工资总额不变的情况下，根据服务期协议的约定，调整薪资结构，加入培训津贴。

例如，小刘的月工资是 10 000 元，薪资结构为纯基本工资。现在企业为小刘安排了"专业技术培训"，根据双方服务期协议的约定，小刘的月工资依旧为 10 000 元，薪资结构调整为基本工资 8 000 元 + 培训津贴 2 000 元，企业支付培训津贴的前提是小刘每月按时参加培训，并完成相关培训流程。小刘的"专业技术培训"持续了 3 个月，人力资源从业者在计算培训总费用和违约金时，可以将 6 000 元培训津贴涵盖在内。

专项培训费用不仅要真实发生，并且需要相关证据，如发票、收据等。如果有无法证明的专项培训费用，除非双方都认可其存在，否则无法算作后期签订协议的违约金。

第四节　不同培训形式的待遇处理问题

"专业技术培训"的培训内容有别于一般的岗前培训，培训形式也更为丰富，不同的培训形式在用工管理上会略有差异。其中，不同培训形式的待遇处理问题如图 5-4 所示。

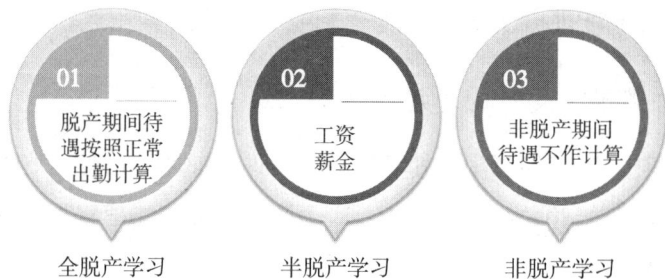

图 5-4　不同培训形式的待遇处理问题

一、全脱产学习

全脱产学习是指劳动者需要占用全部工作时间参加"专业技术培训"，或由于参加"专业技术培训"而无法完成日常工作。

由于参加"专业技术培训"的劳动者与企业并没有改变原有的用工关系。因此劳动关系下的工资支付依然存在，只是有以下两种计算方式。

1.服务期协议或劳动合同等文本中有明确约定的，脱产期间的待遇按约定执行。例如，小李的月薪为8 000元，公司为其安排了为期两个月的"专业技术培训"，在参加"专业技术培训"期间，服务期协议约定小李的收入调整为只发放培训津贴，每月6 000元，并根据培训期间的出勤等情况计算。那么，小李在签订协议后的两个月内，他的收入会和原来的月薪不同。

2.服务期协议或劳动合同等文本中没有明确约定的，脱产期间的待遇可参考出勤工资计算。例如，小孙的薪资结构为月基本工资5 000元＋月绩效奖金3 000元，基本工资按出勤天数计算，绩效奖金按任务完成情况计算。脱产期间，小孙每天准时参加培训，那么小孙当月可以获得基本工资5 000元，至于绩效奖金则需要根据小孙当月的任务完成情况进行单独计算。

二、半脱产学习

半脱产学习是指劳动者需要占用部分工作时间参加"专业技术培训"，或由于参加"专业技术培训"导致劳动者无法进行整日的工作。例如，某项培训课程只在每周二、周四、周六的上午进行，那么劳动者在每周二和每周四就处于半脱产状态。

参加半脱产学习的劳动者的待遇处理和全脱产学习基本相同，不同的是在半脱产学习过程中劳动者依然有部分时间需要完成日常工作，因此在考勤的衔接与计算上，人力资源从业者可以在服务期协议等用工文本中进行说明。

三、非脱产学习

非脱产学习是指劳动者参加的"专业技术培训"并不会占用日常工作时间，或参加"专业技术培训"并不影响劳动者的日常工作。例如，某项培训课程的开课时间在每周末或每天晚上的 19 点到 21 点，这样就错开了劳动者的工作时间。

参加非脱产学习的劳动者的待遇处理方式和前两类培训形式就不太相同了。由于该学习时间不属于正常的工作时间，因此企业并不需要支付加班费，理由如下。

1. 加班是由于劳动者需要完成自己的本职工作而产生的，"专业技术培训"并不是工作的一部分，在定义上并不符合。

2. 在非脱产学习过程中如果劳动者缺席了，企业在没有约定出勤培训津贴的情况下无法直接扣除劳动者的出勤工资，那么也不需要支付额外的工资。

3. 即便企业在劳动者非脱产学习过程中支付了额外的工资，是否意味着未来劳动者也需要支付相应的违约金呢？劳动者未必会愿意。

第五节　合理利用服务期和劳动合同期

在劳动用工管理中，经常会出现不同期重合的现象，如医疗期、三期、工伤期与劳动合同期之间。服务期与劳动合同期之间也会存在重合的情形，同样会出现劳动合同到期但服务期尚未到期，或服务期到期但劳动合同未到期的情况，于是就会出现图5-5所示的两种情形。

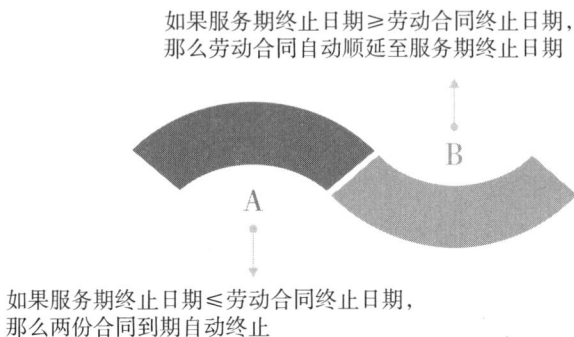

如果服务期终止日期≥劳动合同终止日期，
那么劳动合同自动顺延至服务期终止日期

如果服务期终止日期≤劳动合同终止日期，
那么两份合同到期自动终止

图5-5　劳动合同期限与服务期期限不一致的处理方式

A类情况的处理方式并不复杂，服务期与劳动合同期都可以正常履行。B类情况则是常见的需要顺延的情形，顺延的时间由服务期协议决定。那么，这个规定在企业用工管理中有哪些实际作用呢？

以延长单次劳动合同期限为例。考虑到多次续签劳动合同就会形成无固定期限劳动合同，因此在单次劳动合同期限较短的情况下，较长的服务期可以延长单次劳动合同的整体期限。所以，许多企业的服务期期限都是三年起步，明显长于单次劳动合同期限。

那么，是否会出现这样一种情况，那就是劳动合同到期了，企业也想终止劳动关系了，但服务期的期限还没到，企业能否约定劳动合同到期时终止履行剩下的服务期呢？从规定上来说是可以的。但是，由于企业放弃了继续履行服务期协议，劳动者就无须支付违约金了。

第六节 劳动关系结束后培训费如何返还

企业为劳动者提供"专项培训费用"并要求劳动者履行服务期协议，如果未履行服务期协议，需要根据实际情况返还"专项培训费用"，通常又称之为违约金。

本节我们将探讨培训费返还的约定问题，也就是服务期协议中的违约金约定。常见的违约金约定可以分为违约金金额的约定、违约金折算的约定和违约金支付的约定。

1. 违约金金额的约定

服务期协议中的违约金存在着两条上限，即整个服务期协议中违约金总金额的上限，以及劳动者在劳动关系结束后应支付违约金的上限。

（1）服务期协议中违约金总金额≤整体"专项培训费用"

假设某企业向小王支付了合法"专项培训费用"10 000元，在双方签订的服务期协议中，违约金总金额既可以约定最高10 000元，也可以约定最高8 000元，甚至是5 000元。

（2）劳动关系结束后应支付违约金金额≤整体"专项培训费用"×未履行期限

劳动者在履行了一定期限的服务期后，其需要支付的违约金金额是递减的，递减过程中同样需要注意，假设违约金总金额为10 000元，需要履行4年的服务期，那么在劳动者只履行了1年的情况下，企业既可以约定劳动者支付7 500元违约金，也可以约定劳动者支付5 000元，甚至是2 500元违约金。

2. 违约金折算的约定

在绝大多数服务期协议中，关于违约金未履行期限的折算都是以年为单位的，如劳动者已经履行了1年，劳动者尚有3年未履行等。那么，人力资源从业者在协议中能否以月或天为单位进行折算呢?

假如企业为小孙支付了合法"专项培训费用"10 000 元,在双方签订的服务期协议中,约定服务期为 1 年,违约金为 10 000 元,小孙在签订服务期协议半年后离职。如果双方以年为折算周期,小孙可能依然需要支付 10 000 元;如果双方以月为折算周期,小孙可能只需要支付 5 000 元;如果双方以天为折算周期,小孙可能需要支付的违约金会低于 5 000 元。

从上面的案例中我们就能知道,为什么绝大多数企业会约定以年为单位作为未履行期限的折算,因为以年为单位折算对企业来说性价比是最高的。

3. 违约金支付的约定

当违约金的金额确定了之后,人力资源从业者需要注意约定违约金何时支付、如何支付等细节。因为许多协议中并没有对此类问题做出明确约定,从而导致劳动者以此为由不及时支付违约金。

文本示范

培训服务期协议

甲、乙双方在平等自愿的基础上,经协商一致,现就乙方在甲方工作期间涉及专业技术的培训事宜,签订如下协议。

第一条　乙方承认本协议中所指培训,为本人参加由公司用专项培训费用出资提供的与本人专业技术有关的培训。

第二条　专业技术培训的形式主要有全脱产学习、半脱产学习和非脱产学习三种。

第三条　乙方参加培训期间,必须保证遵守国家法律和培训机构的规定及要求。乙方因个人原因造成的意外事故或被培训机构处分，甲方不承担任何责任；给甲方造成损失的，乙方应负责补偿。

第四条　乙方无论因何种理由中止、延长培训期限或改变培训内容及费用标准的，均应提前至少10天提出书面申请，并征得甲方同意，未经甲方批准不得改变。

第五条　乙方受训期间无特殊原因不得请假。如有特殊重大事由必须请假时，乙方必须事先向甲方主管培训部门提出书面申请，征得甲方同意。擅自休假的，视为旷工。

第六条　乙方保证努力完成培训任务。全脱产或半脱产培训期满后，乙方应在三日内向甲方报到，按规定办理有关手续，否则视为旷工。

第七条　乙方经过培训若未取得合格成绩，培训费用全部由乙方承担。有约定的从其约定。

第八条　乙方在甲方工作期间，参加的所有专项技术培训，都必须记录在乙方的培训档案上，并由乙方签字确认。甲方根据乙方总体培训费用来确定其服务期限，乙方如果在服务期内辞职，需要按照协议约定支付违约金。

具体规定如下：培训费低于1万元的，服务期为1年；培训费在1万～3万元的，服务期为2年；培训费在3万～5万元的，服务期为3年；培训费在5万～10万元的，服务期为5年；培训费在10万元以上的，服务期为10年。

第九条　违约金计算公式：服务期违约金＝培训档案记录的专项培训费用总额×（剩余的服务年限／规定服务年限）

专项培训费用包括培训费、报名费、学费、资料费、会议费、考察费、学杂费、住宿费、交通费，以及因培训发生的由公司报销或支付的其他费用。

第十条　培训期间甲方给予乙方的待遇

1.乙方受训期间的工资奖金的支付标准：全脱产或半脱产培训期间享受正常工资待遇，非脱产期间不作计算。

2. 乙方受训期间，按规定享受公司的福利待遇。

第十一条　在本协议规定的服务期内，劳动合同期满由甲方终止合同的，甲方不得追索本协议规定的乙方违约责任（但仅限于服务期的违约责任）。劳动合同期满而服务期未满，甲方要求乙方继续履行服务期的，乙方应当履行；乙方如不履行，应当承担违约责任。

第十二条　乙方劳动合同期满后，甲方要求续签的劳动合同期限不应少于本协议规定的服务期限。

第十三条　本协议一式两份，双方各持一份，具有同等法律效力，本协议由双方签字盖章后生效。

第十四条　本协议生效后，将自动作为双方劳动合同的附件。

甲方：　　　　　　　　　　　　乙方：

　　年　　月　　日　　　　　　　　年　　月　　日

————————●·●·●————————

解除服务期通知书

员工姓名：

身份证号码：

您好！

您于＿＿＿年＿＿月＿＿日（离职日）与公司办理离职手续。就服务期相关事宜，特通知如下：

根据公司与您签署的服务期协议，现公司决定解除您的相关义务。具体为下列第＿＿＿种：

1. 您离职后，无须再履行服务期协议中的相关义务；

2. 您的服务期义务提前于＿＿＿年＿＿月＿＿日结束。

服务期义务结束之后，您将无须支付因违反协议而产生的违约金等费用。

如有疑问，可联系：＿＿＿＿＿＿＿

联系电话：

电子邮箱：

通信地址：

特此通知！

×××× 有限公司

年　月　日

答疑解惑

问：如果员工在培训期间未参加培训，在全脱产、半脱产和非脱产三种培训形式中该如何处理？

答：我们分为两种情况说明。第一种是双方在服务期协议中对此问题有明确约定的，双方可以直接按照服务期协议履行。例如，约定员工只有正常参加全脱产与半脱产培训，才能获得培训津贴；或视为工作时间内的正常出勤，发放相应的出勤工资。

第二种是双方在服务期协议中并没有明确约定，员工由于种种原因缺勤，甚至是直接旷课。由于企业并没有将培训出勤率与员工的收入挂钩，因此在企业需要给培训期员工正常支付工资的背景下，无法直接扣除员工的工资与奖金等。

由此可见，在服务期协议中，法律规定的内容虽然不多，但实际上企业需要考虑的问题却不少，而服务期协议作为一份重要的劳动用工文本，意思自治成了协议的主旋律。

实例分析：员工落户后离职，企业能否按服务期违约处理

近年来，在北上广等一线城市工作的员工落户后离职的现象屡见不鲜，随着落户政策的调整，针对此类问题的司法解释和实务操作也发生了一些新的变化。但是，企业依然无法以违反服务期协议为由要求劳动者支付违约金，只不过可以将违约金调整为补偿金或赔偿金，只是金额不能完全按照双方的协议去认定，而是需要结合该行为给用人单位造成的实际损失来判断。

实际损失可以分为显性损失和隐性损失。对稳定用工的负面影响，后续引进人才落户造成的不利影响，离职后的空职成本，招聘、培训新员工的时间、人力成本等都会成为衡量实际损失的要素。

《中华人民共和国民法典》中强调了公民个人诚实守信、不违反公序良俗的基本原则。对劳动者来说，既然企业遵守承诺为劳动者落实了户口，劳动者作为公民自然应当履行相应的承诺，而不是出尔反尔，这样的行为不仅违背诚信原则，更会对后续求职造成重大影响。

因此，一线城市的人力资源从业者与其变相通过约定服务期协议给提供户口的劳动者设定违约金，不如实实在在地以补偿金或赔偿金的形式与劳动者签订基于落户服务的服务期协议，在有条件的情况下可以与当地的相关部门联合，共同签订三方协议，对劳动者予以更强有力的约束。

总结与思考：服务期协议中对于特殊情况的处理

在履行服务期协议的过程中，人力资源从业者经常会遇到如下形形色色的问题。

1. 脱产培训时间较长，能否对休息休假方面做出一些调整和约定

无论是脱产培训还是非脱产培训，员工都会出现学习疲劳。当员工想申请休息休假时，原则上企业可以进行约定，如安排员工年休假、调休等，或者给员工安排额外的福利假。当然，企业也可以不做任何调整与约定，这就涉及不同企业的企业文化了。

2. 培训已经开始，可是员工突然拒绝签订服务期协议或拒绝参加培训

这种情况通常发生在员工突然反悔或双方还没有就培训达成一致的情况下。人力资源从业者在处理这类问题时，明确是否签订服务期协议很重要，因为它属于服务期生效的必备条件。在员工还没有签订服务期协议时，企业强行安排的培训是无效的。

如果企业与员工已经签订了服务期协议，员工突然反悔，就必须要证明自己是在被欺诈或胁迫的情况下签订的协议，只有这样才能撤销协议，或者使服务期协议无效。否则员工单方面毁约，企业可以根据服务期协议对员工进行处罚。

3. 员工参加专业技术培训但没有通过

员工参加专业技术培训后未通过测试，会带来许多问题，如重复支付考试费等专项培训费用，重复学习而占用大量工作时间，无法通过专业技术培训提高自身专业能力等。对于这些问题造成的后果，企业可以在服务期协议中约定由员工承担。

第六章

全方位解析员工手册

对话：手册那么厚，到底有何用

小陈：小刘，我们公司的员工手册有 20 多页，你们的呢？

小刘：我们是小公司，没那么多规矩，也就 10 页左右，很多事情大家商量着办就行了。

小陈：真羡慕你们，每次开始新员工培训，他们对手册里的规定都有一大堆的问题和疑问。

小刘：还好啦，我还见过三四十页的员工手册呢！那可真是事无巨细。

小陈：这么厚真的有用吗？

小刘：有没有用，看看劳动合同就知道了。

第一节 员工手册适用的法律条款

企业的员工手册是除了劳动合同最重要的劳动用工文本了。严谨细致的员工手册可以帮助企业实行规范化、制度化的管理，更可以作为解决劳动争议的依据；不完善的员工手册就可能会成为各种劳动纠纷的导火索，甚至会成为企业败诉的关键。

员工手册看似只是企业单方面制定的规章制度，但实际上其背后需要遵守的相关规定较多，员工手册适用的法律条款如图 6-1 所示。

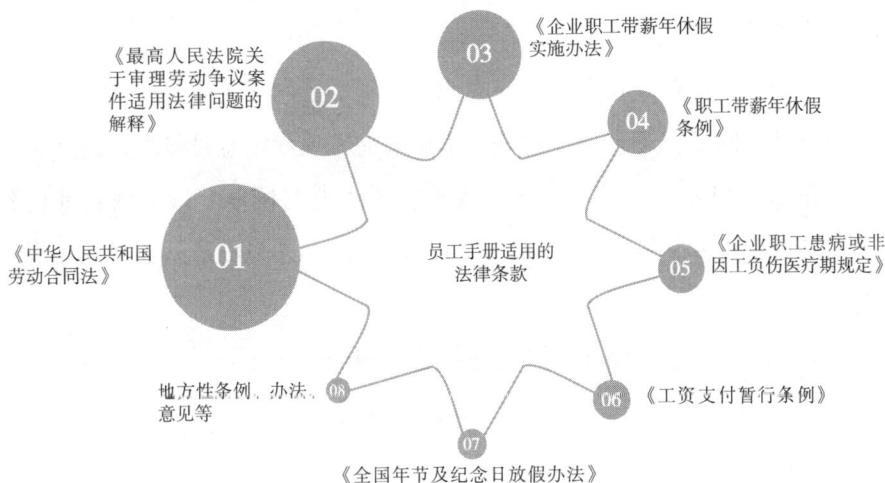

图 6-1 员工手册适用的法律条款

面对诸多的法律条款，人力资源从业者在梳理的过程中可以将其分为国家规定、地方规定和行业规定，其中行业规定很容易被忽略。其实，行业规定也是很重要的，因为不同的行业对于违纪行为、职业道德等问题的处理方式是完全不同的。因此，员工手册中如何融入行业的相关法律规定就成了人力资源从业者的必修课。

第二节　员工手册制定与告知的合法性

企业制定员工手册时要做到履行民主程序、内容合法、公示告知。本节主要探讨民主程序与公示告知。

原则上，有关劳动报酬、工作时间、休息休假、劳动安全卫生、保险福利、职工培训、劳动纪律和劳动定额管理等直接涉及劳动者切身利益的规章制度或重大事项都需要经过民主程序。笔者将实操中的民主程序分为以下三个阶段。

1. 调研阶段

调研阶段是指企业在准备制定或调整员工手册的相关内容之前开展调研工作的阶段。例如，了解员工对员工手册中的哪项规定意见较多，企业管理者因工作需要想要增加某项规定，现有员工手册与国家、地方或行业的相关法规是否发生冲突等。由此可见，在调研阶段，人力资源从业者的主要工作是：

（1）对国家、地方及行业相关规定进行调研；

（2）对部门、组织的用工管理工作进行调研；

（3）对员工、候选人的意见反馈进行调研。

不同调研方向采用的调研方式也不相同，如访谈法、问卷调研法等比较适用于员工或候选人。调研的结果是制定或调整员工手册的重要依据，也是民主程序和后续执行的基础。

2. 选人阶段

参加民主程序的人群多是工会、职工代表或全体职工。在实务操作中，工会参与较为便捷，效率更高。但许多中小企业并没有组建工会，此时就分为两种不同情况下的选人策略了。

（1）职工代表

如果是超过 100 人的企业，要想让全体职工参与就颇有难度了，选出职工代表来参加民主大会就是性价比最高的选择。

选出职工代表有两种方式。对于员工参与度高的企业来说，可以采取推选制，由各个部门投票得出结果，确定职工代表名单；对于员工参与度不高的企业来说，可以采取确认制，由公司公布名单，各部门员工进行确认。

（2）全体职工

小微企业既没有工会，员工数量又较少，为了确保民主大会的公平合理性，可以让全体员工参与。

如果无法保证全体员工都能参会，为了不影响员工手册正常履行，应有 2/3 以上的员工出席民主大会。

3. 开会阶段

开会是民主程序中最核心的一个环节，具体流程如下。

（1）会议签到；

（2）提出制定与调整员工手册的内容；

（3）参与人提出方案或意见；

（4）双方平等协商；

（5）公布会议讨论结果；

（6）会议记录并签字。

当完成民主程序，员工手册的内容实现合法化后，接下来就是公示告知的环节。工作中常见的公示方法与告知方式如表 6-1 所示。

表 6-1 工作中常见的公示方法与告知方式

公示方法与告知方式	优点	缺点	如何举证
员工手册签收表	容易举证，方便员工随时查阅	印刷、修改成本高	签字确认

（续表）

公示方法与告知方式	优点	缺点	如何举证
培训	员工签到，容易举证	培训时间成本高	规章制度培训签收表＋培训照片、录像
公告栏张贴	节约时间成本和印刷成本	举证难度较高	拍照录像＋公示阅读确认表
劳动合同附件	容易举证，节约印刷成本	印刷、修改成本高	劳动合同签收备案表签字
电子邮件或官网	快捷，节省印刷和时间成本，具备官方性质	举证和反馈过程麻烦	公证＋阅读确认电子表签字或员工邮件回复
办公软件发送	快捷，节省印刷和时间成本	举证和反馈过程麻烦	阅读确认电子表签字或员工电子回复
传阅	快捷，节省印刷和时间成本	员工不方便随时查阅	规章制度传阅表签字

从表6-1中可以看出，每种方式都有各自比较鲜明的优缺点，不同的企业会采用完全不同的告知方式。例如，传统行业企业喜欢公告栏张贴的告知方式，互联网行业企业喜欢通过电子化方式告知员工，教育行业企业则更喜欢采取培训的告知方式。无论企业采用哪种告知方式，都要能够达到告知员工的目的。

第三节　违纪条款的区分与设计

违纪条款是员工手册中非常重要的一项，因为在企业与员工解除劳动关系的原因中，"严重违反用人单位规章制度"是最直接的原因。

违纪条款主要分为两个方面的内容，即违纪条款的区分逻辑与设计原则。

1.违纪条款的区分逻辑

虽然员工严重违纪后，企业可以直接与其解除劳动关系，但是对何为严重违纪却没有明确规定。在违纪的分类中，根据违纪程度的不同，通常可以分为轻度违纪、一般违纪和严重违纪三种类型。

（1）轻度违纪

轻度违纪是指员工虽然发生了违纪行为，但违纪的情节较轻，不构成一定的影响或对企业基本没有什么损失。例如：

①上班时间离岗、睡觉、玩游戏、看电影等；

②在工作场所嬉戏、喧哗、吵闹等；

③迟到、早退；

④轻微违反公共条例（如吸烟）；

⑤不按要求着装等。

轻度违纪的处罚方式包括口头或书面警告、违纪记录累加等。企业尽量不罚款。

（2）一般违纪

一般违纪是指员工产生的违纪行为在情节上较重，构成了一定程度的影响或给企业造成了一定的损失。例如：

①旷工；

②工作中不配合。

一般违纪的处罚方式包括书面严重警告、违纪记录累加等。企业尽量不罚款。

（3）严重违纪

严重违纪是指员工产生的违纪行为在情节上比较严重，构成了较大程度的影响或给企业造成了较大的损失。例如：

①违反法律法规及公序良俗等；

②恶意损坏公司财产，泄露公司、同事和客户信息等；

③提供虚假信息用于不良目的；

④未经公司批准实行双重用工或影响本职工作。

严重违纪的处罚方式是企业与劳动者解除劳动关系。

2. 违纪条款的设计原则

在法律没有禁止的情况下，设计违纪条款的主动权主要集中在企业。在合法的基础上，违纪条款的设计主要有以下四大常见原则。

（1）层级递进原则

层级递进原则是指轻度违纪、一般违纪和严重违纪之间能够形成一种递进的关系。这种递进的关系可以由企业规定，常见情形为：2 次轻度违纪 =1 次一般违纪，2 次一般违纪 =1 次严重违纪。层级递进原则也是为了让企业对员工违纪的处罚显得更加合情合理。

（2）避免冲突原则

这里所说的"避免冲突"是指避免员工手册前后的内容存在不同或明显差异。例如，在轻度违纪里迟到一次属于轻度违纪，在一般违纪里迟到一次又属于一般违纪。那么，如果员工真的迟到了一次，他到底属于轻微违纪还是一般违纪呢？

还有一个常见的冲突情况，如员工手册前面在设计"考勤管理"的时候规定迟到一次扣五元，后面在设计"行为约束与纪律处罚"的时候，把轻度违纪设计为扣十元，而轻度违纪的场景中也包括员工迟到一次的情况，那么到底应该扣多少呢？所以，人力资源从业者要通读员工手册，检查前后文中是否存在一些冲突性的条款或内容。

（3）可量化性原则

可量化性原则是指对于违纪条款的描述能够量化、客观。例如，在轻度违纪中设计员工迟到早退，那么迟到早退 1 次属于轻度违纪，还是迟到早退 30 分钟以内属于轻度违纪？这里需要以数字化的形式呈现出来，否则一旦员工违纪，如何定性就成了难题。

再如，违纪条款中设计给企业造成损失的属于严重违纪。那么，如何定义损失的程度？是 500 元还是 5 000 元？

所有的违纪条款都应当符合可量化性原则，以便企业更好地依据员工手册进行有效管理。

（4）覆盖全面原则

覆盖全面原则是指对于违纪条款的设定范围要尽可能广泛，工作内容、工作态度、出勤打卡、同事相处、行业规范、道德规范等各方面都需要涵盖。

例如，许多企业管理者都难以容忍工作态度较差、不服从领导安排的员工，想要做出处罚时却发现员工手册中并没有相关的规定，从而无从下手。

第四节　巧妙设定考勤及假期管理制度

考勤及假期管理制度是企业进行劳动用工管理时常见的规范性内容，具体设定如图 6-2 所示。

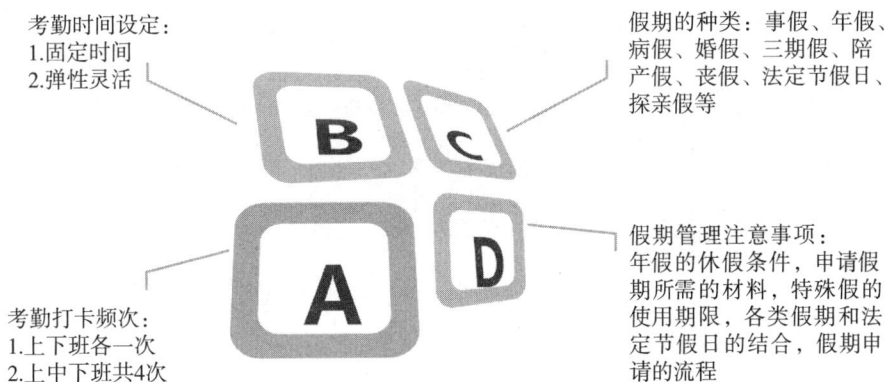

考勤时间设定：
1.固定时间
2.弹性灵活

假期的种类：事假、年假、病假、婚假、三期假、陪产假、丧假、法定节假日、探亲假等

考勤打卡频次：
1.上下班各一次
2.上中下班共4次

假期管理注意事项：年假的休假条件，申请假期所需的材料，特殊假的使用期限，各类假期和法定节假日的结合，假期申请的流程

图 6-2　考勤及假期管理制度设定

在设定考勤及假期管理制度的过程中，企业需要把握好底线规则。表

6-2 以考勤、年休假和病假管理为例进行了说明。

表6-2　考勤、年休假和病假管理中的法定情形与规定情形

	法定情形	规定情形
考勤管理	工时制度、工作时长、法定节假日等	工作时间、考勤方式等
年休假管理	休假天数、休假条件、假期折算等	休假时段、假期衔接等
病假管理	休假天数、休假条件、假期工资等	休假流程、休假材料等

对于法定情形，员工手册中可以不用过多说明，参照国家及地方相关规定即可；而对于规定情形，则需要人力资源从业者重点设计。例如，是否需要提前申请休假，是否需要书面请假，是否需要跨级同意，是否需要提交相关材料等。

第五节　必不可少的人力资源管理制度

人力资源管理制度也是员工手册的主要内容之一，包括对招聘、培训、薪酬、绩效、离职等常见问题的通用规定，如图6-3所示。

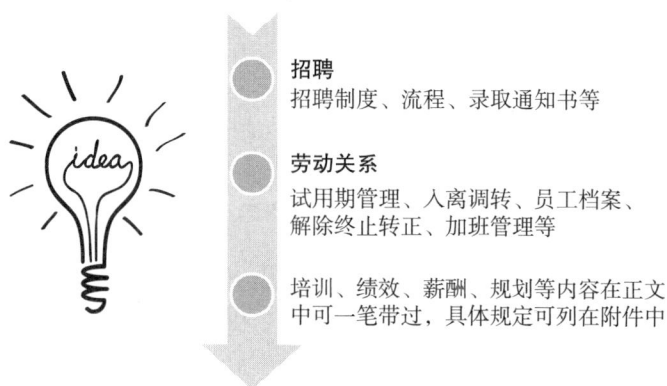

招聘
招聘制度、流程、录取通知书等

劳动关系
试用期管理、入离调转、员工档案、解除终止转正、加班管理等

培训、绩效、薪酬、规划等内容在正文中可一笔带过，具体规定可列在附件中

图6-3　员工手册中的人力资源管理制度

员工手册中的人力资源管理制度的适用对象是公司全体员工，所以该制

度中的内容既要通用，还不能与原有的劳动合同发生冲突。

既然劳动合同和员工手册中都有人力资源管理制度与考勤休假管理制度等，为什么还要区分呢？

1. 员工层面

由于劳动合同的效力大于员工手册，因此在相关管理制度中，如果存在必须要劳动者单独同意，或者劳动者要求必须纳入劳动合同中的内容，就要进行区分。

2. 调整层面

企业要想调整劳动合同中的内容是需要和劳动者协商一致的，而要想调整员工手册中的内容，只按照本章中的相关流程操作即可，无须员工同意。因此，人力资源从业者可将不确定的或变动性较强的内容放入员工手册中，将确定的或变动性较小的内容放入劳动合同中。

第六节　员工手册内容选择的注意事项

虽然企业可以自行设定员工手册中的内容，但结合相关法律规定和限制，人力资源从业者在员工手册内容的选择上依然存在四个注意事项，如图6-4所示。

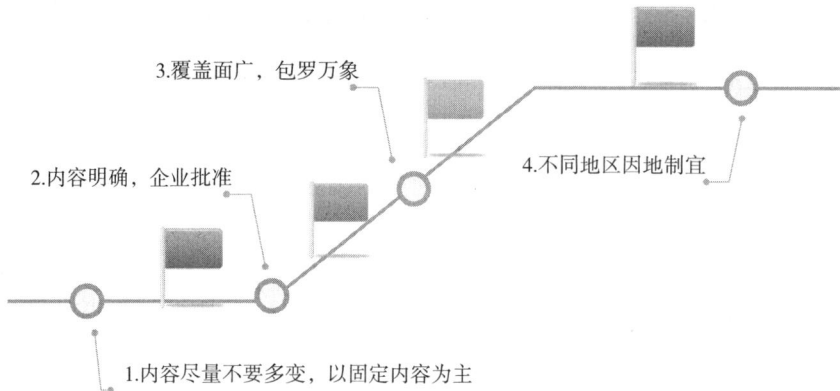

3.覆盖面广，包罗万象

2.内容明确，企业批准

4.不同地区因地制宜

1.内容尽量不要多变，以固定内容为主

图 6-4　员工手册内容选择的注意事项

一、内容尽量不要多变，以固定内容为主

前文提到，员工手册中涉及与劳动者切身利益相关的内容，必须要经过民主程序。因此，为了避免多次履行民主程序和相关流程，员工手册中的内容应尽可能相对固定。

二、内容明确，企业批准

内容明确是指规定的描述要清晰明了，不能出现模棱两可的情况，因为在司法实践中，一旦发生争议，法院倾向于有利于劳动者的理解方式。

另外，员工手册的生效需要企业盖公章或法定代表人签字等。有些企业还有部门的规章制度，部门规章制度是否适用也需要看企业是否批准，是否经过民主程序的相关流程。

三、覆盖面广，包罗万象

员工手册作为除劳动合同外最重要的劳动用工文本，对劳动者的管理和约束作用是其他用工文本无法替代的。因此，无论是违纪条款、人力资源管理制度还是其他规定，在整体设计的过程中都要做到广泛覆盖。因为一旦有遗漏需要填补，又需要重新启动民主程序。

四、不同地区因地制宜

有些员工手册中有较多的地方性政策规定。不同的地方对病假政策、婚假政策等会实行不同的规定。如果企业较难梳理或调整，可以直接在员工手册中明确以国家及当地法律规定为准。

第七节　薪酬绩效制度与员工手册的差异

薪酬绩效制度与企业的其他规章制度相比更为特殊，因为其中的内容是直接涉及劳动者切身利益的，所以在相关法律上受到的保护和限制也更加特殊。与薪酬绩效制度有关的法律法规可以分为以下三类。

1. 通用类法律规定

以《中华人民共和国劳动合同法》为例，它属于通用类法律规定，其特点是规定中包含了薪酬绩效的相关通用内容，如关于薪酬的基本计算与支付原则。

2. 专项类法律规定

以《工资支付暂行规定》为例，它属于专项类法律规定，其特点是通篇以薪酬绩效类内容为主，如假期工资、加班工资、工资周期等规定。

3. 属地类法律规定

以某地最低工资标准为例，它属于属地类法规政策，其特点是不同的地方在薪酬绩效问题上参照的法律规定有较大差异，如最低工资、停工停产工资等。

前文已经介绍了员工手册的设计原则、内容及相关特点。许多企业即使在劳动合同和员工手册中都设计了与薪酬绩效相关的内容，也会单独订立薪酬绩效制度。薪酬绩效制度的独特性主要体现在以下三点。

1. 群体适用性

企业中不同的部门、不同的岗位实行的薪酬绩效标准一般是不同的。如后勤部门以固定工资为主，前端业务部门以提成工资为主，中台部门以绩效工资为主。这些不同的部门与岗位所对应的薪酬绩效制度必然是不同的。因此，薪酬绩效制度的群体适用性通常不包含全体员工，而是仅针对某一个群体；而员工手册的群体适用性则是针对企业的全体员工。

2. 内容针对性

从用工文本的名称中就能得知，薪酬绩效制度的内容只包含薪酬和绩效的相关内容；而员工手册中的内容包罗万象，薪酬绩效只属于员工手册内容的一部分。但两者在内容上并不是真子集的关系，否则直接将薪酬绩效制度并入员工手册里即可。员工手册中的薪酬绩效内容只会说明适用于全体员工的薪酬绩效规定，如每年是否发放年终奖，是否存在各类补贴，是否拥有工龄工资、学历工资等，而具体的年终奖计算方式、补贴金额等内容则会通过薪酬绩效制度单独列举。

3. 文件时效性

员工手册的文件时效性是相对稳定的，而薪酬绩效制度从人力资源管理方面来说显得并不稳定，会随着市场环境、行业发展及企业变化进行改变，因此可以认为薪酬绩效制度是易变的，时效性较强。

文本示范

员工手册范本

前言

欢迎您成为 ×× 大家庭的成员！

×× 公司以高质量的生产技术、完善稳固的销售网络、现代化的营销体系、高效的管理团队而著称，创造和谐的工作气氛和良好的工作环境是我们努力的方向。

×× 将为每位员工提供良好的工作环境和进取机会，具有聪明才智的您将备受 ×× 公司的尊重、激励和帮助，您将会为您工作的岗位感到自豪。

您的知识和技能是 ×× 创新发展的源头。创新是 ×× 的生命力，每一位员工的主动创新、自我完善就是 ×× 的成功。

本公司根据中华人民共和国的有关法律、法规和规章，编制了这本员工手册，本员工手册将为您介绍公司概况、员工基本行为规范、劳动管理规定、员工各项福利保障、奖惩规定等事项。目的是帮助您了解公司的有关政策，有条不紊、卓有成效地开展工作。

本手册所载内容将根据实际情况不断修改、完善。您对本手册有任何意见、建议或疑问，请随时与您的主管或公司人力资源部商讨，我们将非常高兴与您一起完善这本员工手册。

本手册适用于所有与我公司签订劳动合同、建立劳动关系的人员。在您与本公司签署劳动合同前，请仔细阅读本手册。一旦您签署了劳动合同，则默认您已同意本手册各项条款。

让我们紧密合作、努力奋斗，迎接全球性竞争的挑战，以最好的质量、最优的服务、最快的速度不断满足客户需求。

目录

第一章　公司简介

目前，公司拥有国内先进的 ×× 机生产线七条，年生产能力超过一万吨，拥有多名高级工程师和技术人员，以及各种先进的检测设备。

完备的质量管理体系、严格的品质监督监控手段、严密的工艺操作规范，使公司产品质量稳定、可靠，产品已被国内外多家著名企业采用。

此外，公司不但自主探索、研究产品技术，还积极引进国外的先进技术使产品质量不断提高，确保生产出一流的产品，满足客户的要求。

公司始终遵循"质量为本，顾客至上，信誉第一，服务第一"的经营方针，以"创一流技术，造一流产品，促一流管理，争一流效益"为宗旨，竭诚为用户提供优质的产品和服务。

第二章　人力资源管理制度

第一节　聘用制度

第一条　聘用原则

公司择优录用员工，一般以面试方式进行，必要时可增设笔试、技能测试或复试。

第二条　聘用程序

（一）应聘人员经甄选合格后，应到指定医院作录用体检，人力资源部在收到应聘者合格的体检报告后才可发出录用通知书。被录用者应在该通知书上签字以示接受录用。

（二）新进人员经考试或面试合格和审查批准后，由人力资源部办理试用手续。原则上员工试用期为三个月，期满合格后，方为正式录用；成绩优秀者可适当缩短试用时间。

（三）新聘人员须在规定时间内持下列材料到人力资源部办理入职手续，然后到工作岗位报到：

1. 个人简历；

2. 学历证书和职称证明原件/复印件、身份证原件/复印件；

3. 最近一次工作单位开具的解除劳动关系证明（离职证明）；

4. 社会保险缴纳年限凭证；

5. 最近三个月彩色一寸免冠照片四张；

6. 市立以上医院或指定医院体检证明；

7. 员工人事资料表;

8. 应届毕业生需携带高校就业指导中心规定的有关证件;

9. 其他指定应缴验之证明。

（四）所有员工人事资料表上的信息如住址、联系电话、婚姻状况、生育状况、处罚情况或其他个人情况（如受行政或刑事处罚等）等发生变化时，应于七日内通知人力资源部。由于延误或错误通知而造成的损失及后果由员工个人承担。

（五）有以下情况之一的，不予录用:

1. 剥夺公民权尚未复权者;

2. 刑期未满者;

3. 通缉在案者;

4. 曾经涉嫌贪污、侵占公款者或被行政拘留以上处罚者;

5. 酗酒、吸毒或有其他不良嗜好者;

6. 在订立劳动合同过程中有欺骗、隐瞒或其他不诚实行为者;

7. 破产宣告尚未撤销者;

8. 亏欠公款受处罚有案底者;

9. 因品行恶劣被开除者;

10. 未满 18 周岁者;

11. 身体健康状况达不到岗位要求者;

12. 与原用人单位有竞业限制约定的，却未向公司如实说明者。

（六）新员工到我公司报到时，必须已与原单位解除合同，一切手续办理完毕，且无任何经济或其他方面的纠纷。

第三条　入司体检

所有员工在报到日前都须在公司指定的医院进行指定项目的体检并向人力资源部出示体检报告，否则公司将不予发送报到通知。如有需要，公司可要求试用期内员工到指定医院进行体检复查。录用体检费用由应聘人员自负。

第四条 试用制度

（一）新员工应在报到日以书面形式与公司订立劳动合同，并约定试用期。新员工不愿签订劳动合同的，公司有权拒绝录用。

（二）劳动合同期限三个月以上不满一年的，试用期为一个月。劳动合同期限一年以上不满三年的，试用期为两个月。三年或三年以上固定期限和无固定期限的劳动合同，试用期为三至六个月。

（三）以完成一定工作任务为期限的劳动合同或劳动合同期限不满三个月的，不设试用期。

（四）新员工试用期间的劳动报酬根据公司的薪酬制度，视级别、职位等确定，并不低于当地最低工资标准。

（五）新员工试用期满前，由部门主管按"新员工试用期考核表"进行考核，考核合格后经总经理批准正式聘用。试用期内如发现不符合录用条件的，可随时解除其劳动合同。

（六）新聘人员试用合格，其本公司工龄自试用期起始之日计算。

（七）有以下情况之一的，可立即终止试用：

1. 在试用期间被证明不符合录用条件的；

2. 严重违反公司规章制度的；

3. 严重失职、营私舞弊，给公司造成重大损害的；

4. 与其他用人单位建立劳动关系而影响本职工作者；

5. 劳动者患病或非因工负伤，在规定的医疗期满后仍不能从事原工作，也不能从事由公司另行安排的工作的；

6. 劳动者不能胜任工作，经培训后仍不能胜任的（必须留下相关的证明）；

7. 被依法追究刑事责任的。

（八）备案

对于所有新录用的员工，人力资源部需在员工报到之日起一个月内，凭就业证、报到证（大中专毕业生）、劳动合同及有关表格到劳动局办理录用备案手续。若因员工本人未及时提供就业证或报到证等相关个人证件，以致录用备案手续无法正常办理，所有后果由员工本人承担。

（九）商业保密、竞业禁止规定

员工应遵守基本的职业道德，并严格遵守公司的商业保密及竞业限制规定。

（十）各项保险的办理

1. 自员工进入公司之月起，公司将为其办理各项保险，如养老保险、医疗保险、生育保险、工伤保险及失业保险。

2. 员工到我单位之前已办理过保险的，须提供保险转移单。原先未办理过五险的员工，公司将为其新开账户。

第二节　工作日程和考勤

第一条　作息时间

（一）常白班员工每天工作 8 小时，每周工作 40 小时，每周休息两天。

（二）车间员工采用三班制（白班、中班、夜班），每班工作 8 小时，每周工作 40 小时，每周休息两天。一般情况下，周一至周五为正常工作日，如遇特殊情况，公司将根据生产需要采用集中工作、集中休息、轮休、调休等方式，确保员工的休息休假权利和生产、工作任务的完成。

（三）各部门考勤经部门经理汇总审核后于规定时间报送人力资源部。

第二条　出勤考勤

（一）基本出勤天数为每月应出勤天数。员工每日上下班应由部门统一进行考勤，在次月第二个工作日将部门经理签字确认后的上月考勤表交至人力资源部。每月考勤的起止时间为当月一日至当月月末。

（二）员工应准时上班，不得迟到、早退、旷工

常白班工作时间 5 分钟后到岗者为迟到，提前下班超过 5 分钟者为早退。

车间三班制人员必须提前 15 分钟到岗交接班，当班人员必须待接班人员到齐交接清楚后，方可下班。凡违反者分别按迟到、早退处理。

第三条　旷工

（一）车间生产人员未经车间主任同意均不得擅自代班、调班，否则一律按旷工处理。

（二）上班时间开始后15分钟未到岗者，事先未办理请假手续的，以旷工半天处理；超过1小时未到岗者，以旷工1天处理。

（三）有下列情形之一的，以旷工处理：

1.当月内迟到、早退合计满三次者（计旷工1天）；

2.未履行请假手续或假满未经续假而擅自不到岗者（按天计算）；

3.不服从公司调动擅自不到岗者或停止工作者（按天计算）；

4.擅离工作岗位，按旷工处理。

（四）旷工1天扣发当月奖金，全年旷工累计两天扣发全年年终奖金，全年累计旷工超过两天，按自动离职处理。

第三节　加班

（一）公司原则上不提倡加班，员工应妥善安排工作，按时、保质、保量完成工作。因生产经营需要，公司可以安排延长工作时间或在节假日加班。其后，按规定安排补休，或依法支付加班加点工资。

（二）用餐时间不计入加班。

（三）加班由各部门根据生产经营需要统一安排并需经总经理同意。

（四）员工在正常工作时间内能够完成的工作不得利用加班时间完成。

（五）员工在规定的工作时间之外完成生产、工作任务，或未完成定额工作任务的工作时间不计加班。

（六）公司按照下列标准支付员工延长工作时间的加班工资：

1.加班时间以半小时为基准，不到半小时不予计算；

2.工作日加班的加班工资是标准工资的1.5倍；

3.周末加班的加班工资是标准工资的1.5倍（综合计算工时）；

4.法定休息日加班的加班工资是标准工资的3倍；

5.加班须事前提出申请，经总经理同意后方可安排加班，待加班完毕后，填写"加班单"，由部门主管签字确认；

6.如遇特殊情况需要在外加班者，应事先通过电话向直属主管报备，待返厂后填写"加班单"；

7.员工加班也须遵守本手册的各项规定；

8.员工在工作时间之外参加公司内外部所有教育训练均不计加班；

9.员工因工作需要周六、周日加班，应在三个月内调休完毕；

10.调休需事先申请，经部门主管确认报总经理同意后方可进行。

（七）人力资源部负责确认和计算员工加班。每个月26日前员工应向人力资源部上交"加班单"，由其确认和计算。加班费随员工当月工资一并支付。

第四节　假期制度

第一条　休假日

（一）国家法定节假日：元旦一天，春节三天，清明节、劳动节、端午节、中秋节各放假一天，国庆节三天。

（二）例假日：各部门每周休息日，其他经公司决定的休假日。

第二条　员工请假的类型

（一）事假。因事必须本人处理者可请事假，每年累积以十五天为限，中途离职者按月份比例计算。事假按日计扣薪金，一年内事假累积超过15天者免职或解聘。经总经理特别批准者不在此限。

（二）患病或非因工负伤医疗期。依据公司指定医院的病假建议证明（包括但不限于病历卡、挂号单、病假单、配药单等），经批准可停工休息，病假需报公司人力资源部备案。5天及以上的病假需经公司总经理批准同意。

（三）婚假。员工法定婚假10天，须当年一次性用完，如遇公休或法定假日不扣除。员工申请婚假时需要提供双方的结婚证及相关身份证明。

（四）产假。女职工的产假是一百二十八天，其中产前休假十五天。难产及多胞胎生育的每多生育一个婴儿，增加产假十五天。男职工享受护理假

10天。享有该假的男员工须为初婚者或者未生育过孩子的再婚者。怀孕三个月以内流产的已婚女职工，根据医疗单位的证明，给予十至十五天的产假；三个月以上七个月以下流产的已婚女职工，产假为四十二天；七个月以上流产的已婚女职工，产假为九十天。（以上为带薪假，含节假日，女职工必须于孕后一个季度之内书面通知部门负责人其怀孕状况。）

（五）哺乳假。育有不满一周岁婴儿的女职工，每班劳动时间内给予两次哺乳（含人工喂养）时间，每次三十分钟。多胞胎生育的，每多哺乳一个婴儿，每次哺乳时间增加三十分钟。女职工每班劳动时间内的两次哺乳时间，可以合并使用。哺乳时间在本单位哺乳往返途中的时间算作劳动时间。

（六）计划生育假。员工实行计划生育手术，按国家有关规定享受假期。

（七）丧假。员工直系亲属（父母、配偶、子女）去世者，可给予 3 天丧假（包括法定假日），旁系亲属（祖父母、兄弟姐妹及配偶父母）去世者，可给丧假 1 天（包括法定假日）。其他近亲属丧亡可请假。

（八）工伤医疗期。员工一旦发生工伤，需在 24 小时内报人力资源部确认，并经市劳动监定委员会认可，按工伤处理。

（九）公假。因兵役检查或国家机关调查，期限不满一个月者或因国家考试（包括自学考试、电大成教及各种资格考试等）或担任各级民意代表出席会议期限在 3 天以内者，可请公假。

（十）员工请假。事假应于一日前按照下文的核准权限办妥后方可离开，否则按旷工处理；遇突发事件或因急病不能先行请假者，应通过电话迅速向部门领导报告，并于当日由部门领导依照下列核准权限办妥请假手续，否则亦视同旷工。旷工期间不享受一切工资奖金及补贴。员工连续旷工 3 天及以上者，公司将与其解除合同。

第三条 各条款假期内的薪金发放如公司无规定，则按国家相关规定执行。

第四条 各条款假期的核准权限

（一）部门员工请假在 3 天以内（含 3 天）的由部门主管核准，3 天以上的由总经理批准；部门主管请假由总经理批准。

（二）请假理由不充分或对工作有影响时，审批者可酌情给假，或缩短假期或令其延期请假。

第五节　薪酬制度

第一条　公司根据员工的职位、岗位等确定员工的工资。员工岗位发生变动的，应执行变动后的岗位工资。

第二条　员工工资总额由基本工资、绩效工资、津贴、加班费、奖金等组成。公司将根据员工的工作表现、绩效和对公司的贡献以及公司的经营状况，公平合理地支付员工报酬。

第三条　公司将根据公司效益及员工全年的工作表现、评审结果对员工工资进行调整，具体调整幅度由公司决定。

第四条　薪资项目说明

（一）基本工资。依员工学历、经历、岗位及能力综合判断核定。如因职务调动而导致员工每日或每年工作时数有所增减时，基本工资依照比例调升或调降。

（二）夜班津贴。为奖励夜班员工，公司依夜班次数向员工核发夜班津贴，支付标准为 4.4 元 / 班次。仅限轮班人员享有。

（三）外宿津贴。公司员工因工作需要在外住宿者享有外宿津贴 250 元 / 夜。

（四）全勤奖金。全勤员工享有。

（五）薪资相关项目计算

1. 日薪计算：日薪 = 基本工资 ÷ 21.75

2. 加班费

（1）加班费时薪计算：时薪 = 基本工资 ÷ 21.75 ÷ 8

（2）加班费给付

平时加班费 = 时薪 × 1.5 × 加班时数

周末加班费 = 时薪 × 2 × 加班时数

周末加班费 = 时薪 ×1.5× 加班时数（综合计算工时制）

法定假日加班费 = 时薪 ×3× 加班时数

3. 财务部依员工"加班单"和加班出勤记录资料核算加班费。

4. 请假扣款计算办法

（1）事假扣款 = 基本薪资 – 基本薪资 ÷21.75×（应出勤天数 – 实际出勤天数）

（2）病假扣款 = 基本薪资 – 基本薪资 ÷21.75×（应出勤天数 – 实际出勤天数）× 比例

5. 其他代扣款项

（1）社会保险。凡签订劳动合同的员工每月按规定基数缴费比例代扣。

（2）公积金。凡签订劳动合同的员工每月按规定基数缴费比例代扣。

（3）个人所得税。公司依照国家有关规定，每月从员工薪资中依"个人所得税税率表"扣除。

第五条 工资发放

（一）员工每月薪资于次月 15 日发放（如遇节假日顺延），每月 1 日起至月末止的考勤记录为薪资计算依据。如遇特殊情况需要延迟发放工资的，延迟期限最长不超过一个月。

（二）新进员工自入职日起计薪，离职人员自离职生效日起停薪，并于办妥离职及移交手续后于当月发薪日发放最后一个月薪资。

（三）薪资保密。所有人员均应遵守薪资保密原则，如有违反经查属实者，依奖惩管理办法的相关规定处理。

（四）公司一般采用现金形式发放员工工资。若通过银行发放员工工资，公司会为每位员工办理银行卡（卡费由员工自理）。

（五）若因工作人员操作失误造成薪资差异，需在两个工作日内向相关人员反映并更正，其差额将于下月薪资发放日一并发放。

第六条 待岗工资

员工待岗培训期间的待遇包括待岗期内发放基本工资，停发任何形式的奖金和津贴、补贴等。

第六节　福利制度

第一条　各类保险

凡与本公司存在劳动关系的员工，公司都予以办理基本社会保险，如养老保险、医疗保险、生育保险、工伤保险和失业保险。

第二条　各项福利

（一）节假日福利

公司根据经营状况适当为员工发放节日津贴或物品。

（二）日常福利补助

1. 公司为每位员工提供免费午餐，休息日除外。

2. 公司每月为生技部员工发放劳保用品。

3. 公司提供交通费、通信费、住房补贴、驻外补贴及误餐补助等。

第三条　年休假

（一）临时用工及入司不满 1 年的正式员工不享受带薪年休假。

（二）员工在入司满 1 年后方可享受带薪年休假。连续工龄满 1 年不满 10 年的员工，年休假 5 天；连续工龄满 10 年不满 20 年的员工，年休假 10 天；连续工龄满 20 年的员工，年休假 15 天。

（三）当年休假可在当年分次享受，当年未休完的天数不再顺延至次年享受。

（四）休假必须经部门主管审核后报总经理批准。

（五）职工有下列情形之一的，不享受当年的年休假：

1. 员工请事假累计 10 天以上的；

2. 累计工作满 1 年不满 10 年的员工，请病假累计 1 个月以上的；

3. 累计工作满 10 年不满 20 年的员工，请病假累计 2 个月以上的；

4. 累计工作满 20 年以上的员工，请病假累计 3 个月以上的。

第七节 培训制度

第一条 一般规定

（一）培训目的

通过对员工的工作能力、素质、技能进行培训，提高员工的技能水平，使其胜任本岗位工作，从而提高公司的竞争力。

（二）培训类型

公司根据需要对员工进行入职培训、在职培训、待岗培训、特殊培训。

（三）培训规划

人力资源部负责制订公司长期培训计划、年度培训计划及具体培训制度和方案。

第二条 员工培训协议

（一）对于参加专项出资培训的员工，公司可根据培训时间、培训费用及公司的需要，与其签订培训协议，约定培训费用及服务期、违约金等事项。

（二）如未签署培训协议或培训协议约定不明的，则该接受出资培训的员工应自培训结束后至少为公司工作五年，员工提前辞职或因过错被依法辞退的，应按等额递减原则（每工作一年递减20%）返还公司培训费。

第三条 入职培训

（一）入职培训是指员工到岗后一个月内所接受的培训。

（二）入职培训的内容

1. 公司简介、经营理念、规章制度、生活常识、作业流程及作业手法等；

2. 部门职能与工作目标；

3. 部门岗位结构和岗位职责；

4. 岗位应知应会；

5. 操作技能和工作程序；

6. 本公司和本部门规章制度；

7. 入职培训之通识部分由人力资源部负责，岗位相关内容的培训由各用人部门负责，人力资源部进行监督。

第四条　在职培训

（一）在职员工培训按年度培训计划实施，人力资源部主导，各部门配合组织实施。必要时可委托有关单位来公司进行内训或组织有关员工参加公司外部培训。

（二）公司每年根据具体情况和需要对员工进行培训，培训由人力资源部安排、组织实施。

（三）对管理人员的专项培训，由本部门或人力资源部提出专项申请，报总经理批准执行。

（四）培训考核的资料应归档保存，作为员工晋升奖惩的依据。

第五条　特殊岗位作业人员的培训

（一）特殊岗位员工由公司公开招聘（如电工、司机）。如需公司出资培训则按本节第三条内容执行。

（二）特殊岗位培训由公司出资以外训的方式进行（如内审员、计量员、实验室作业人员），以上岗位外训由相关部门提出申请，报人力资源部备案、总经理批准后，方可外出培训。

第六条　待岗培训

（一）适用对象。年中或年终考核不合格，部门负责人认为要对该员工进行待岗培训的。

（二）待岗培训内容包括公司规章制度、法律法规、业务技能等。待岗培训计划由人力资源部会同有关部门制订。

（三）待岗培训程序

年中或年终考核不合格的员工，部门负责人认为要对该员工进行待岗培训的，应向公司人力资源部提出备案，并报总经理审批，由人力资源部组织实施。

（四）员工待岗培训考核合格后，回原部门工作。原部门无法接收的，公司将另行安排岗位。若员工不服从分配，公司将协商与其解除劳动合同。

第八节　劳动合同的解除、终止

第一条　退休

与本公司存在劳动关系的员工，通常按国家规定的正常年龄退休（退职），并按国家有关规定享受社会保险待遇。

第二条　合同到期

合同期满前 60 天，各部门主管应将是否续签合同的意见报送人力资源部，人力资源部提前 30 日将终止或续签劳动合同的意向以书面形式通知员工，到期办理终止或续签劳动合同手续。

（一）员工不同意续签的，应以书面形式在劳动合同到期前 30 日向公司提出离职申请，且在劳动合同期满日办理离职手续。

（二）员工不同意续签合同，合同期满后又继续来公司上班的，公司有权拒绝其进入公司。

第三条　有下列严重违反公司规章制度情形之一的，公司与其解除劳动合同：

（一）年度累计旷工两天（含）以上的；

（二）以不文明语言或用肢体攻击他人的；

（三）不服从公司生产工作安排的；

（四）泄露公司机密或商业秘密的；

（五）违反安全操作规程指挥冒险作业的。

第四条　提前解除劳动合同

（一）员工辞职

1.试用期辞职。员工在试用期内提出辞职的，需提前三天通知公司，并在交接完工作后离司。

2.正式员工辞职。员工需提前 30 日递交书面辞职报告，经部门主管审核交人力资源部批准。批准后员工领取"离职手续清单"，办理离司手续，离司手续办理完毕，由人力资源部出具离职证明。

（二）劳动合同订立时所依据的客观情况发生重大变化，致使劳动合同无法履行，经用人单位与劳动者协商，未能就变更劳动合同内容达成协议的。

（三）员工患病或非因工负伤，医疗期满后不能从事原岗位工作也不能从事由公司安排的其他工作的。

（四）员工故意隐瞒个人相关信息的。

（五）员工不能胜任原岗位工作，经培训或调整工作岗位后仍不能胜任的。

（六）员工因个人过失或严重违反公司规章制度受到辞退处分的。

（七）公司与员工协商一致解除劳动合同的。

（八）其他根据国家法律法规，可以解除劳动合同的。

第五条　解除或者终止劳动合同，劳动者应当遵循诚实守信的原则办理工作交接手续。

第六条　解除或者终止劳动合同的人员应在 10 日内办理好离职手续。离职手续办完毕，由人力资源部出具离职证明，并在 15 个工作日内，到劳动局办理终解备案以及档案和社会保险关系转移等手续。

第七条　离职人员一旦离开本公司，公司所有的资料、任何形式的资料副本、资产和位于公司内外的其他财产必须一律交还公司，其所有权属于公司。员工若违反以上规定，本公司将对该员工采取相应措施，索回上述物件。必要时公司将追究其法律责任。

第八条　要求辞职的员工结束离职面谈并填写完离职清单后，公司将一并结清其离职当月的薪水和相关酬劳。如双方另行签订有补充协议，则需同时执行补充协议的相关规定。

第九条　劳动合同经备案后，员工及公司各持一份。已经终止或者解除的劳动合同自终止或解除之日起两年内不得销毁，应存档备查。

第三章 员工基本行为规范

第一节 基本要求

公司要求员工举止大方、着装整洁、精神饱满。

第一条 员工仪表仪容

（一）生技部员工在上班期间一律着工装（工装分为夏装和秋冬装，夏装为短袖，秋冬装为夹克衫），若业务单位员工拜访客户，经本单位主管允许后方可着便装。周六、周日出勤亦着工装。

（二）工装不得敞开穿着，工装应保持整洁干净。

（三）工作场所不得穿拖鞋及露脐、露背、低领、透明的服装。

（四）男士不得留长发、怪发，女士不得留怪异发型，不化浓妆，不用气味浓烈的香水。

（五）在正式场合和对外重要商务活动中，员工应着正装。

六、当员工衣着不得体时，上级主管有责任指出其着装不合适之处。

第二条 员工基本行为规范

（一）遵守国家法律、法规，遵守本公司的各项规章制度及所属各部门的管理实施细则及业务流程。

（二）忠于职守，保障公司利益，维护公司形象，不断提高职业素养。以积极的工作态度对待工作，养成良好的工作作风。

1. 在工作场所不得大声喧哗，影响他人办公。对领导不得直呼其名，应称呼领导姓氏及其职务。

2. 办公室内部禁止说粗话、脏话，说话要轻声。不乱扔纸屑、果皮，吐痰应入盂。

3. 爱护公司财产，爱护各种办公用具、设备。办公环境干净整洁，室内物品、办公用品、桌面摆放整齐有序，不得杂乱无章。下班前所有文稿放置妥当，以防遗失、泄密。

4. 接待来访人员应彬彬有礼、热情大方。对方敲门时应说"请进"。如正在工作应暂停并说"请稍等"，若让对方等候的时间过长，应道"对不起，让您久等了"。到其他办公室应先敲门，征得同意后方可进入，离开时随手关门。

5. 规范使用电话用语，电话接通后应先说"您好"，禁用免提。

6. 提倡礼貌用语，与同事见面应主动打招呼，说"您早"或"您好"，下班互道"再见"等用语。与同事合作后应说"谢谢"。

7. 在商务活动中时刻注意自己的言谈、举止，保持良好仪态，做到用语礼貌，语调温和。

8. 及时稳妥处理客户投诉，遇到重大问题应及时向直接上级汇报。

9. 未经批准，不得将无关人员带入公司。

10. 加强安全意识和自我保护意识，防止在工作中发生安全事故。

11. 做好保卫、消防工作。下班前认真检查并关闭本岗位的水、电等阀门，消除各种设施、设备的安全隐患，确保企业及员工的生命财产安全，遵守并严格执行消防制度，杜绝火灾发生。

12. 上班时不得擅自离开工作岗位，不得有违反《员工手册》的行为。有事需要离开时，要向直接上级请假。

13. 不得在工作时间处理私事以及与工作无关的事情。不得无故缺勤、迟到、早退。不得用公司电话处理与工作无关的事情。

14. 员工在工作时不得看与工作无关的非专业图书、杂志、报纸，不得吃零食、串岗、打闹等。

15. 不得携带违禁品、危险品进入工作场所。

16. 不得违纪索取、收受利益及报酬。

17. 非因工作需要不得动用公物及公款。

18. 应妥善保管公司财物，不得私自携带或出借。

19. 严格保守公司的商业秘密。不得随意翻阅他人保管的文件、账簿表册或函件。

20. 不得私自经营与本公司业务类似的商业或兼任本公司以外职务。

21. 员工有义务如实登记个人状况，如学习经历、工作经历、家庭住址、联系方式、婚姻状况、健康状况等，且当个人相关信息发生变更时，应及时通知人力资源部更改其信息。

22.严格按岗位操作规程操作，对操作规程中不合理的问题，及时提出并报直接上级尽快解决。严禁违规作业，杜绝事故发生。

23.创造和谐的工作环境，与同事互相学习，互相帮助，共同提高，发扬团队精神，增强公司的凝聚力。

24.不得打听同事的考绩结果和薪酬收入。

25.离职员工应按公司规定办理移交手续。

第三条 工作成果归属

工作时间内的所有创造发明、创意想法、设计、开发、程序步骤、技术革新，以及在聘用期内以公司名义由员工个人或与其他员工共同履行工作职责而产生的专有技术，或者获得的公司机密信息或财产，或者在聘用期内任何时候履行职责而创造的任何物品及其翻译件，均系公司财产。员工同意将职务作品的完整权利包括职务作品的所有权归公司所有。

第四条 基本礼仪

员工应做到礼貌待客、举止得体，并遵守以下要求：

（一）与客户交谈应态度和蔼、热情，注意使用礼貌用语；

（二）对客户提出的问题要耐心解答，解答不了的应及时请示汇报；

（三）与客户相遇，要主动让步。与客户同行，应礼让客户先行。

第二节 利益规范

第一条 员工应避免个人利益与公司利益发生冲突。员工违反本部分的规定即视为与公司发生利益冲突。当员工怀疑自己可能涉及利益冲突时，应当以书面形式将详细情形向直属主管汇报。其主管负责与该员工进行讨论，并咨询或通知其上级管理层后做出最后决定。

第二条 员工不得成为与本公司有或可能有业务往来的企业（如供应商、顾客、房东、经销商、被授权人等）的主要股东或拥有相应利益者，不得担任与公司有竞争关系的企业的董事、合伙人或经理。

第三条 员工不得受雇于公司的任何竞争对手，或担任竞争对手的承包商、顾问（无论是专职或兼职，无论是否获取报酬），或以其他方式直接或间接地成为公司竞争对手。

第四条 未经总经理书面同意，员工不得受雇于公司的顾客或供应商，或担任其业务承包商、顾问，或以其他方式与其业务发生直接或间接的牵连。

第五条 未经公司批准，员工不得提供或销售与公司类似的产品或服务。不得销售竞争对手的产品及服务，或以任何方式支持或销售竞争对手的产品或服务。

第六条 员工在与其亲友所属公司发生业务往来时，应事先告知公司。未经总经理书面同意，不得与其亲友进行往来业务。

第三节 生活行为规范

第一条 餐厅规范

（一）员工应在规定的时间内用餐，不得提前用餐。

（二）员工须排队取餐，不得插队，不得大声喧哗，不得在餐厅追逐打闹。

（三）用完餐后自觉将餐具带到回收区，自觉清理桌面，不得将饭菜渣、水果皮等遗留在餐桌上。

（四）不浪费饭菜，适量取餐。

第二条 宿舍管理规范

（一）员工可入住公司统一配置的宿舍。

（二）在宿舍区不得边走边吃。

（三）妥善保管好个人财物。

（四）保持宿舍整洁卫生，服从宿舍管理人员的安排。

（五）不得在宿舍内使用大功率电器，不得在宿舍内做饭。

（六）换房或换床之前应得到宿舍管理员的同意。

（七）严禁在宿舍内留宿他人。

（八）不可随意出入异性员工宿舍。

第三条　门卫规定

（一）员工在上班时间出入工作场所必须刷卡。

（二）外来访客必须在保安室登记，领取并佩戴证件，在被访人员的带领或许可下方可进入公司。

（三）未经允许，任何人不得私自带外人进入公司内部。

第四章　安全卫生

第一条　一般规定

（一）安全卫生的工作环境涉及所有员工的身心健康及公司的正常运作。维持工作环境干净整洁是所有员工的职责。

（二）所有员工须遵守国家的安全卫生法律法规及公司相关制度，认真做好卫生工作。

（三）公司将安全卫生教育定为员工上岗培训的必备内容，员工必须接受安全卫生方面的培训。

（四）及时汇报

1. 员工应当向部门负责人或安全管理部门汇报所有不安全的操作或事故隐患。员工在公司内部发现任何可疑人员时，应当立即向保安汇报，以便将其驱逐出公司。

2. 所有员工发现潜在危险时，必须在采取紧急措施的同时立即向上级、安全管理者、卫生管理者、消防责任者或其他有关人员汇报，并积极配合相关指示，努力使公司损失降到最低。

第二条　基本纪律规范

（一）员工不得私自携带易燃易爆及其他危险品进入公司。

（二）未经许可不得擅自拆除、移动或取消安全装置或使其失效。

（三）非指定人员不得操作公司内的动力设备、锅炉、变压器、柴油叉车、电瓶叉车、行车、汽车等。

（四）未经许可不得登上建筑物，不得驾驶叉车、汽车进入非指定区域。

（五）不得在液化气库、油库、油罐或易燃物品附近使用明火。

（六）未经许可不得动火以及随意使用电加热器、火电取暖器。

（七）应在公司指定场所吸烟。

（八）未经许可不得在消防通道和消防设施周围放置物品。

（九）必须严格遵守安全操作规程及各种注意事项。

（十）车间工作人员在工作时间必须穿戴劳动保护用品（如工作服、安全帽、口罩、防护镜等），车间以外的工作人员在工作时间必须穿工作服。

（十一）注意维护自身和周围人的安全，保持良好的工作环境。

（十二）员工家属或同居者患有或怀疑患有传染病时，员工必须立即向部门领导或管理部门汇报；

（十三）不得随地吐痰、乱扔垃圾。

第三条　体检制度

（一）公司除了要求应聘人员进行体检之外，还将对从事特定岗位的员工进行职业病预防检查，以保证员工的身心健康。如员工患传染病，将被调任其他职位或在治疗期间暂停工作。

（二）公司对所有员工实行年度体检制度。

第四条　上岗禁止

有下列情形之一的，禁止上岗：

（一）法定传染病患者及怀疑患有此类疾病尚未有定论者；

（二）从事工作有可能会使病情恶化者；

（三）患传染病后未完全康复者；

（四）其他被医生确认为不适合上岗者；

（五）吊车、叉车、汽车、锅炉、空压机、液化气等特种工种的任职者必须拥有该工种的操作许可证或上岗资格，否则不得上岗。

第五条 火情处理

（一）疏散区按照防火区域进行划分，由专人负责所在区域在紧急情况下的疏散工作。员工应根据安排参加火警演习，熟记火警讯号、火警通道、厂区逃生通道及灭火器具的使用方法。

（二）发生火警时，应保持镇静，不要惊慌失措，并采取如下措施：

1.按动最近的火警报警器并通知上级主管；

2.上级主管应立即通知企管部，说出火警发生的地点及火势大小，并采取相应措施；

3.呼唤最近的同事援助；

4.关闭所有的电器开关；

5.在安全的情况下，利用最近的灭火器材尽力灭火；

6.切勿用水或泡沫灭火器扑灭因漏电而引发的火情；

7.听到撤离信号后应立即组织撤离火警现场，切勿慌乱，必须从消防通道疏散。

第六条 紧急、意外事故处理

（一）保持镇静，立即通知上级领导并协助维护现场秩序。

（二）如果员工在公司内受伤或发生事故，在场的员工应立即通知部门负责人或管理部，夜班员工可通知保安或值班经理，协助救护伤者，并保护好现场。

第五章 奖惩规定

第一节 奖励制度

第一条 员工手册规定的奖励制度只是公司奖励制度的一部分，公司颁布的任何有关奖励的规定都将自动成为公司奖励制度的组成部分。

第二条 本公司员工的奖励分为"晋级""发放奖金""大功""小功""嘉奖"和"口头表扬"。

（一）口头表扬

公司倡导积极的沟通和管理模式，部门负责人应及时对员工的良好表现做出口头奖励。

（二）嘉奖、小功和大功的奖励方式

1.嘉奖：发25元奖金，年度绩效考核加1分。

2.小功：发50元奖金，年度绩效考核加2分。

3.大功：发100元奖金，年度绩效考核加4分。

（三）嘉奖两次等于小功一次，小功两次等于大功一次。功过可以相抵，但前功不能抵后过。

（四）有下列情况之一者，可予嘉奖：

1.维护团体荣誉，有具体事迹者；

2.服务认真，获客户赞许或为公司争取荣誉有具体事实者；

3.防止机器设备发生故障或抢修建筑等工程有利于生产者；

4.发现职责以外的失误，及时上报或妥善处理，避免公司受到较大损失者；

5.调解较大纠纷有功或规劝同仁守法堪为表率者；

6.检举重大违规现象或损害公司利益者；

7.能圆满完成上级领导交代的任务；

8.拾金不昧，维护公司形象者。

（五）有下列情况之一者，可予小功：

1.针对生产技术或管理制度提出具体方案，经采纳确有成效者；

2.遇有灾情，勇于负责，并处置得当者；

3.爱护公物，节约物料或对于原材料利用卓有成效者；

4.领导有方，使生产经营管理或业务发展有很大进步者；

5.热诚尽责，工作效率超群，堪为全体员工的楷模者；

6.代表公司参加社区或地方政府机关举办的大型竞赛获前三名者；

7.拾物（金）不昧者（价值500元以上）；

8.主动举报行为不良的员工，使公司免受损害；

9.节省原物料，实现废物利用，有具体事实者；

10.有其他功绩者。

（六）有下列情况之一者，记大功：

1.适时妥善处理意外事件或重大变故，使公司免受严重损害者；

2.提出新的产品定位，并为公司取得良好的经济效益者；

3.维护公司重大利益，竭尽全力避免公司遭受重大损失者；

4.在恶劣环境下，冒生命危险尽力职守者。

（七）本公司员工有下列情况之一者，可酌情给予晋级或颁发奖状、奖金：（大功二次即晋升一级）

1.对于销售增产及技术改进有重大贡献者；

2.发明或改良各项生产设备、生产方法，经确认对本公司有重大贡献者；

3.对国家或社会有特殊功劳或贡献，提高本公司声誉者。

（八）其他对公司或公众有利的具体行为，公司根据其贡献大小予以奖励。

第二节 惩处条例

第一条 公司将严格遵照有关处理程序对员工做出处分决定。处分不是为了惩罚，而是为了员工在今后的工作和生活中能够有所警戒和进步。

第二条 本公司的惩处分为"辞退""记大过""记过"和"警告"。

（一）惩处方法

1.辞退：解除劳动合同。

2.记大过：扣100元奖金，年度绩效考核减4分。

3.记过：扣50元奖金，年度绩效考核减2分。

4.警告：扣25元奖金，年度绩效考核减1分。

（二）员工具有下列情况之一者，应予以"辞退"处分：

1.连续旷工三天，一个月内累计旷工五天，一年内旷工十二天以上者；

2.旷工且造成公司较重大损失或严重损失的；

3.携带违禁品进入工作场所者；

4.未经上级主管同意，擅离工作岗位，擅自换班、调班，造成严重损失的；

5.不服从主管的安排，且有威胁行为，情节较重者；

6.将办公室钥匙、门卡或其他识别证件（包括开启电器的密码）交给其他无权使用的人员，造成损失的；

7.隐瞒或伪造履历，篡改考勤记录或其他任何欺瞒行为；

8.无故损毁公司财物，损失重大或损毁公司重要文件者；

9.盗窃公司及他人财物，或挪用公款者；

10.假借职权，营私舞弊者；

11.在工作场所聚赌或斗殴者；

12.制造或传播谣言者；

13.品行不端，严重损及公司信誉者；

14.检查或监督人员未认真履行职责，情节较重或情节严重，或造成较重大损失或严重损失的；

15.滥用职权，上级主管有威胁、侮辱下级的行为，情节较重者；

16.在禁烟区内吸烟引起火灾，致使公司蒙受损失者；

17.过失损坏或遗失财物，造成严重损失的；

18.故意浪费公司资源或违反操作规定，给公司造成 20 000 元以上直接经济损失者；

19.暴力威胁、恶意攻击或诬蔑同事，制造事端者；

20.有意泄露公司机密者；

21.其他违反公司规章制度的严重违纪行为。

（三）员工具有下列情况之一者，予以记大过处分：

1.擅离职守，导致生产事故使公司蒙受严重损失者；

2.泄露机密给公司造成一定损失者；

3.遗失重要文件、机件或工具致使公司蒙受损失者；

4.违反安全规定措施，致使本公司蒙受严重损失或造成员工人身伤害者；

5.旷工1日，严重耽误工作者；

6.有意毁损公物或公共文书，情节重大者；

7.虚报加班经查属实者；

8.代刷卡、伪造考勤记录者；

9.当月（考勤月）上下班迟到或早退次数达七次者；

10.伪造单据，给公司带来损失或有损公司名誉者；

11.将公司发放的制服、证件等借与非公司人员致使他人蒙混入厂者；

12.因个人保管不善导致公司资产丢失者；

13.在公司内有不文明举止，情节较重的；

14.品行不端有损公司信誉者；

15.未按期完成公司安排的生产任务或处理不当，且无正当理由的；

16.违反公司质量、生产、工艺、设备等有关管理程序或规章制度，引发产品质量事故或损坏机器设备，造成较重损失的；

17.未经批准，利用公司车辆办私事的；

18.未经许可将公司产品带出公司的；

19.故意违反信息管理制度，情节较重或造成轻微损失的；

20.违反办公室规定，不听劝阻，情节较重或损失较重的；

21.故意浪费公司资源给公司造成10 000元以上、20 000元以下直接经济损失者；

22.违反公司规章制度的其他较重违纪行为。

（四）员工有下列情形之一者，应予以"记过"处分：

1.因疏忽致机器设备或物品材料遭受损害或伤及他人，情节轻微者；

2.投机取巧、隐瞒蒙蔽、谋取非法利益者；

3.他人犯规，有意作伪证包庇者；

4.上级人员查询工作，故意隐瞒或报告不实者；

5.未经许可擅自在厂内驾驶机动车辆者；

6. 因不良嗜好或行为不检导致本公司声誉受损者；

7. 轮班人员非轮休假期间，不请假外出者；

8. 进入工作区妨碍或影响现场工作秩序者；

9. 故意刁难客户者；

10. 当月（考勤月）上下班迟到或早退次数达五次者；

11. 乱丢垃圾，影响公司环境卫生者；

12. 出入厂区不接受检查且屡劝不改者；

13. 工作不努力、屡教不改者；

14. 未在指定区域吸烟者；

15. 损毁或遗失公物或公共文书，情节轻微者；

16. 未经许可，擅自带外人或有其他不良意图者入厂参观；

17. 未按照规范要求使用公司固定资产，从而导致固定资产损毁者；

18. 旷工半天或请假手续不全，未造成较重损失的；

19. 将公司安全卫生规定中不允许带入工作场所的物品带入工作场所，情节较重或造成损失的；

20. 未经同意出借公司财物未造成损失的；

21. 丢失公司物品不及时汇报的；

22. 未经主管人员同意，为个人利益使用公司财产，情节轻微的；

23. 私配公司的各种钥匙，尚未造成损失的；

24. 因玩忽职守致使机器设备或物品材料遭受损害并伤及他人，造成轻微损失的；

25. 违反规定、操作规程给公司造成 2 000 元以上、10 000 元以下直接经济损失者。

（五）员工具有下列事项之一者，应予以"警告"处分：

1. 迟到、早退当月累计满三次者；

2. 在工作时间内擅自离开工作岗位，情节轻微且未造成任何损失的；

3. 违反公司安全卫生规定，将不得带入工作场所的物品带入工作场所，情节轻微且未造成任何损失的；

4. 在工作时间聊天、躺卧休息或打瞌睡，情节轻微且未造成任何损失的；

5. 在工作时间内打电话聊天、吃零食、串岗、戏闹者，情节轻微的；

6. 在工作时间干私活，情节轻微且未造成损失的；

7. 违反操作规程，给公司造成经济损失在2 000元以下者；

8. 工作时间打扑克、下棋、看电视、玩电子游戏或看休闲刊物，情节轻微且未造成损失的；

9. 随地吐痰、乱扔杂物、随意堆放物品，损坏公共绿地，破坏环境卫生的；

10. 在车间工作时不戴安全帽或不穿工作服，情节轻微且未造成任何损失的；

11. 衣着、仪表、礼仪、言行不符合员工规范；

12. 对客户或其他员工无礼；

13. 不服从主管人员的合理指导，情节轻微者；

14. 违反公司质量生产、工艺、设备等有关管理秩序，情节轻微且未造成任何不良后果的；

15. 一般过失造成公司财物轻微损失的；

16. 擅自复制员工手册或借予他人的；

17. 无故不出席公司主办的重要活动，如培训或会议等；

18. 违反信息管理制度，情节轻微且未造成损失的；

19. 违反公司保密制度，情节轻微且未造成损失的；

20. 管理人员轻微失职行为；

21. 未按公司规定的用餐时间，提早进入餐厅用餐的；

22. 未排队就餐经指正不改的；

23. 在餐厅就餐时，浪费饭菜者；

24. 在工作时间中，作业操作人员在工作车间吃东西者；

25. 进入厂区不主动出示证件且配合度不佳的；

26. 特种作业员未按照规定穿戴安全装备，经纠正仍不改正者；

27. 因过失导致工作失误，情节轻微者；

28. 初次不尊重主管人员，未认真执行职务者；

29. 妨碍现场工作秩序或违反安全卫生工作守则，情节轻微者；

30. 检查或监督人员未认真执行职务者；

31. 出入办公室（工厂），不遵守规定或携带物品出入拒绝警卫或管制人员查问，情节较轻者；

32. 违反公司规章制度的其他一般违纪行为。

（六）员工在第一次受到处分后，一个月内如果再受处分，则将受到累计升级处分。累计升级处分如下：

1. 警告＋警告＝大过；

2. 小过＋小过＝辞退。

（七）员工在第一次受到处分后，六个月内如果再受处分，将受到累计升级处分。累计升级处分如下：

1. 警告＋警告＝小过；

2. 小过＋小过＝大过；

3. 大过＋大过＝辞退。

（八）其他违反公司规章制度及流程者，根据情节轻重，将分别予以惩处。

第三条　其他规定

（一）若涉嫌违法犯罪，除依照本规定处理外，由管理部会同公安机关依法处理。

（二）有违纪或违法嫌疑者，公司可先对其进行停职检查。停职期间，其工作由其主管指定职务代理人完成，待事情查清后再作处理。停职期间薪资停发。除总经理核准外，停职检查时间不得超过一个月，检查期满后用人部门要将检查结果书面呈总经理核定，若确实无违纪或违法者，予以补发薪资。

（三）依主管命令或指导而发生过失者，可免予惩戒，但明知其命令或指导欠妥，却未事前陈述者不在此限。

（四）员工做出特殊重大贡献，依本奖励办法不足以彰显其功绩者，呈总经理决策。

（五）如果员工有本奖惩规定未尽事项，而对本公司确实有贡献，或确实有不良行为或过失须奖惩者，公司可比照类似规定予以奖惩。

（六）下属犯错情节严重，主管须连带处分，只追溯直接主管，最高追溯到高两阶主管后，便不再向上追溯，且主管比下属下降一级至两级处分。

第六章　附则

第一条　本员工手册全体员工人均一册。

第二条　员工手册是公司的财产，员工应在结束聘用关系时将员工手册交还人力资源部，否则应赔偿人民币 100 元。本员工手册仅限于员工本人使用，未经允许不得外借、复制。

第三条　本员工手册由人力资源部负责解释。公司可根据需要对本员工手册的内容进行修改、补充。修改或补充的内容将通过公告的方式进行公布。

第四条　本员工手册自公布之日起生效。此前存在的公司制度与本员工手册的规定发生冲突的，以本员工手册的规定为准。

员工手册签收函

我确认收到公司发出的员工手册一份。本人已认真阅读并充分理解员工手册的所有内容，愿意遵照执行。本人理解并接受该员工手册中包含的本人与公司的聘用条款，以及本人的权利、责任和义务。本人同意公司可根据相关法律法规和公司实际业务经营不时修订该员工手册，并通过公司内部网或其他方式进行告知。

员工（中文正楷签字）：_____

签收日期：_____

身份证 / 护照号码：_____

调岗 / 调薪申请表

姓名		性别		入职日期	年　　月　　日		
调出部门		职务		调入部门		职务	
申请原因					申请人：　　年　月　日		
调出部门意见				分管领导意见			
	审批：　　年　月　日				审批：　　年　月　日		
调入部门意见				分管领导意见			
	审批：　　年　月　日				审批：　　年　月　日		

（续表）

人力资源部意见	薪资调整意见 原岗位薪酬标准：基本工资_____元/月，绩效奖金_____元/月，其他_____； 新岗位薪酬标准：基本工资_____元/月，绩效奖金_____元/月，其他_____； 执行日期为：_____年___月___日。 审核人： 年 月 日
总裁审批意见	

调 岗 / 调 薪 通 知 书

_____先生/女士：

经公司研究，决定将你的工作岗位由_____调

到_____，岗位工资由_____调整为

_____。

请你在收到通知书的 3 日内，到公司_____部报到。该部门将从当日起对你进行考勤管理。逾期不报到的将按旷工处理；逾期仍在原岗位工作的，将视为不服从公司的工作安排，按违纪处理。

如果你不接受本次调整，可以按照公司规定提出申诉。

特此通知。

_____公司（盖章）

签字：_____（授权代表）

____年____月

答疑解惑

问：如果员工手册与劳动合同发生冲突，该怎么处理呢？

答：由于员工手册具有通用性，劳动合同具有特殊性，所以有时在员工手册与劳动合同中会同时出现同一个内容，并且发生了严重冲突。例如，员工手册中有年终奖，而劳动合同中明确没有年终奖；抑或是年底双薪在员工手册与劳动合同中的算法不同等。

发生此类情况时，原则上我们以"约定大于规定"的基本思路来判定，也就是说，劳动合同中的约定是优于员工手册的规定的。但以下两种情况例外。

第一种情况可以参考 2022 年许多地方对企业的支持政策，其中提到了鼓励企业与劳动者就工资问题协商一致，在实际操作中合情合理的规定优于劳动合同的约定。

第二种情况可以参考司法解释中的推定逻辑。例如，每月绩效奖金的计算方式并没有按照劳动合同中的方式而是按照员工手册的规定来操作的，但劳动者并没有提出任何异议和疑问。这时就默认该规定的效力优于劳动合同约定的效力。

问：如果劳动合同上写明"乙方工资为不低于工作地的最低工资标准（不包括绩效提成、奖金、津贴等），经双方协商一致，乙方每月的工资总额度已包括每周六或周日的加班费。后期会根据乙方完成公司岗位要求的程度降低或增加薪酬标准。"工资条上不会单独列出加班工资，只列出底薪＋其他各项补贴＋绩效提成，这样可以吗？

答：在劳动合同中劳动报酬可以没有具体金额，但是要有具体的薪酬结构和明确的计算标准。如果每个月的提成、绩效等都不同，可以写参考公司的薪酬绩效制度。

另外，薪资包干加班费的前提是合法合理。例如，最低工资标准中是不能包含加班费的，因为在包含了加班费的情况下劳动者的收入才刚刚达到最低工资标准，这种情形是违法的。

企业不列出薪资条中的加班项，当劳动者发起加班费诉求的时候，企业需要逐月证明已经向劳动者支付了加班费，否则就需要承担相应费用。

实例分析：薪酬绩效制度到底是约定还是规定

薪酬绩效制度既可以属于规定类，也可以属于合同约定类。因为根据劳动合同的必备条款来看，劳动报酬是法定且必需的组成部分；而企业的员工手册和规章制度中也有关于薪酬绩效的内容。许多企业还会单独订立薪酬绩效规定。那么，与薪酬绩效有关的用工文本到底是约定还是规定呢？

约定与规定最大的区别在于约定必须要双方协商一致，而规定属于企业单方做出的内部管理约束行为，无须经过劳动者同意。

例如，劳动合同与员工手册都可能存在"签收单"，劳动合同中需要双方同时签字盖章，而员工手册中一般只有企业盖章。同时，不同劳动者签订的劳动合同的具体内容会存在差异，而员工手册的内容是通用的。

针对薪酬绩效制度到底是约定还是规定，法律方面并没有明确规定，主要基于企业的实际需要，如本章中的薪酬绩效制度在经过"民主程序＋内容合法＋公示告知"后即属于规定，每月签订的岗位绩效标准在双方签字盖章后又可以视为约定。

总结与思考：制定员工手册的六个步骤

人力资源从业者可以按照以下六个步骤来制定员工手册。

1. 定清楚员工手册的背景——地区及行业

不同地区对于员工手册的订立规定会存在一定的差异，最常见的是在假期管理中，各地对假期天数、假期条件、假期细则的规定是不同的。

不同行业的员工手册无论从风格、形式还是内容上都是截然不同的。特别是不同行业的违纪行为都是无法完全照搬的。因此，人力资源从业者需要对企业所处行业有一定的了解，清楚本行业有哪些基本的行规。

2. 搞清楚员工手册的作用和目的——前言

企业需要通过员工手册来管理劳动者，但员工手册不只是用来管理劳动者的，越来越多的企业会在员工手册中加入企业文化、组织架构、公司发展使命、对劳动者的祝福语和寄语等内容，以此让劳动者更加深入地了解企业。

3. 理清楚员工手册涉及的内容分类——目录

员工手册的内容较多，如果没有目录作为指引，不仅会让劳动者产生检索阅读方面的困难，也可能使企业在编制员工手册的过程中遗漏重要的内容。

4. 查清楚员工手册涉及的法规——国家、地方的法律法规及行业规定

作为企业的管理制度，员工手册的效力是低于法律规定的，因此它不能越过法律的红线。这就意味着人力资源从业者在制定员工手册的过程中需要查清楚相应的法律规定有哪些？涉及哪些内容？如何应用到员工手册中？

5. 检清楚员工手册的瑕疵——遗漏、冲突、多变

人力资源从业者在编制员工手册后一定要仔细检查内容是否存在遗漏、冲突和多变三种情况。

员工手册是需要随时更新的。尤其是在两种情况下需要更新：第一种是定期对员工手册的内容进行调整，把公司发生变动的情况加进去；第二种是

在紧急情况下进行更新。更新员工手册的内容需要人力资源从业者耗费很多的时间和精力，这对企业来说是一种管理成本冗余。

为了避免发生这种情况，员工手册里尽量不要涉及易变的、多变的内容。如果把这些经常需要朝令夕改的内容写进去，不仅会增加人力资源从业者的工作量，也会影响公司全体员工的工作。所以，员工手册里基本没有很详细的绩效考核管理制度和薪酬管理制度等，这些规章制度都有单独的用工文本。

6.分清楚员工手册生效步骤——民主程序＋内容合法＋公示告知

完整履行"民主程序＋内容合法＋公示告知"的流程后，可以视为员工手册正式生效。生效后员工手册主要用于企业日常的用工管理，以及日后处理劳动争议时的重要证据。

需要注意的是，员工手册中的内容不仅要合法，在没有法律规定的情况下也需要合情合理。例如，劳动者迟到1次就视为严重违纪的规定就属于不合理的规定。

第七章

全方位解析主动离职文件

对话：我口头提离职了，行吗

小钱：小陈你好，我要离职，明天开始不来上班了。

小陈：写辞职报告或离职申请书了吗？

小钱：没有。

小陈：这事你和自己的上级领导说过吗？

小钱：没有。

小陈：口头离职是不可以的，请按照流程走离职程序，谢谢配合。

第一节　主动离职文件的内容及适用法律规定

一般来说，企业的员工手册中会对员工离职做出相关规定，特殊岗位的员工离职还会在劳动合同中做出特殊约定。离职文件大体上可以分为图 7-1 所示的几种类型。

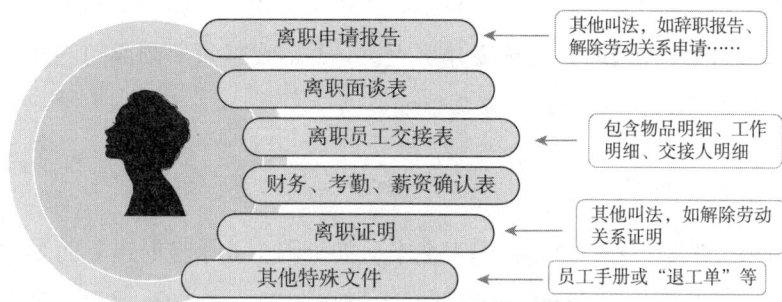

图 7-1　离职文件的类型

不同的离职文件对应的作用并不相同。

1. 离职申请报告

不同的企业对于离职申请报告的称谓各不相同，大体上分为离职申请和离职报告两类。

离职申请报告是员工提出离职后使用的首份用工文本，很多企业都有离职申请报告的模板。

2. 离职面谈表

在员工表达出离职的意愿后，企业会和员工进行离职面谈，形成"离职面谈表"。"离职面谈表"并非法定文本，企业管理者希望通过离职面谈来了解员工离职的真实情况。

3. 离职员工交接表

"离职员工交接表"主要解决的是员工离职后在本单位的工作交接问题，

不同岗位和工作的员工需要交接的内容差异较大。一般来说，"离职员工交接表"中必须具备交接人、交接内容、交接完成时间和交接完成情况这四个核心要点。

4. 财务、考勤、薪资确认表

这类确认表主要处理的是员工非本职工作的其他问题，如财务报销、办公用品、考勤工资等。由于这类确认表相比于工作交接已有了相对具体的公式和明确的内容，因此处理难度并不大，只是需要经过不同部门的经办人和负责人审核，整体流程会比交接表更加烦琐。

5. 离职证明

离职证明属于法定的必备用工文本，如果因企业未按时出具而影响劳动者再就业的，企业将会面临相关风险。一般情况下，离职申请报告是离职管理中用工文本的始，而离职证明则是离职管理中用工文本的末。

6. 其他特殊文件

在某些特殊情况下，企业也会出具其他特殊文件，如给员工提供薪资证明，出具竞业限制解除通知，有些地方还需要提供员工手册和"退工单"等。这类用工文本并不常见，只在特定的场合和情形下才会用到。

从文件分类可以看出，员工提出离职的过程需要经过两个阶段，即员工劳动关系存续阶段和劳动关系结束阶段。在法律适用方面可以分为以下五类：

（1）《中华人民共和国劳动合同法》，如要求劳动者提前30天提出离职；

（2）《中华人民共和国劳动合同法实施条例》，如列明离职证明的必备条款；

（3）《工资支付暂行条例》，如明确劳动关系结束后的工资支付问题；

（4）《中华人民共和国就业促进法》，如明确离职证明或其他用工文本中的内容不能影响劳动者的再就业；

（5）地方条例、意见、方法，如深圳对离职后员工工资支付的周期有特殊规定。

当员工主动提出离职时，企业采用的离职文件和相关用工本文不仅要合法完整，而且需要考虑到员工的再就业问题。

第二节　完整的离职流程

员工非因《中华人民共和国劳动合同法》第三十八条的规定主动提出离职时，企业虽然不需要向员工支付相应的补偿或赔偿，但也不意味着就可以疏忽对离职流程的管理。完整的离职流程如图7-2所示。

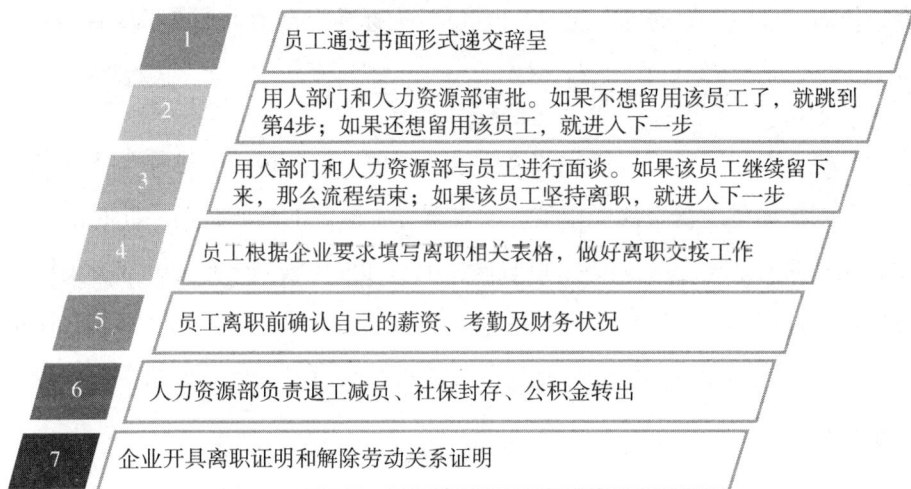

1	员工通过书面形式递交辞呈
2	用人部门和人力资源部审批。如果不想留用该员工了，就跳到第4步；如果还想留用该员工，就进入下一步
3	用人部门和人力资源部与员工进行面谈。如果该员工继续留下来，那么流程结束；如果该员工坚持离职，就进入下一步
4	员工根据企业要求填写离职相关表格，做好离职交接工作
5	员工离职前确认自己的薪资、考勤及财务状况
6	人力资源部负责退工减员、社保封存、公积金转出
7	企业开具离职证明和解除劳动关系证明

图7-2　完整的离职流程

除本章已涉及的内容外，以下注意事项需要人力资源从业者注意。

1.是否一定需要书面文件

笔者认为，尽管用工文本分为法定和约定两种类型，但本质还是一样的。例如，企业与劳动者之间相互信任，即便不签订劳动合同，企业也不用担心劳动者因此要求支付双倍工资；劳动者也不担心企业会因此拖欠工资。在这种情况下，签订书面劳动合同反而是一种约束行为。

其余用工文本也是一样的，书面的离职报告本质上是为了方便企业保留劳动者已经提出离职的相关证据；"离职交接表"本质上是为了防止双方无法结清相关账目；离职证明本质上是新单位为了检查劳动者的工作履历的真实性而要求的证据。也就是说，当企业与劳动者足够信任彼此的时候，书面文件并不是必需的。只是从防范劳动用工风险的角度来说，书面文件是必不可少的。

2. 离职生效后反悔了怎么办

离职生效意味着企业已经知道或同意了劳动者的离职行为，此时劳动者和企业都无法单方面反悔了。如果只是对离职日期反悔，双方可以进行协商，协商不成的，根据现有规定，以30日为标准线自动生成离职日期。

3. 交接和确认出现问题，是否会影响离职

有些企业的工作交接流程和离职确认流程比较复杂，一旦哪个环节出现问题，就需要重新提交离职申请，于是超过了原定的离职日期。此时由于离职日期是双方已经确认或按照30日履行的，即便流程尚未走完，双方也依然需要按照原来的约定结束劳动关系；如果双方的离职日期就是以离职流程完成为准的，在不超过30日的情形下可以按约定，在超过30日的情形下按法定履行。

第三节　确认劳动关系的解除效力及解除时间

员工提出离职属于劳动关系解除的一种类型，考虑到之后的离职证明等用工文本中均需要有明确的解除时间。因此在离职过程中，确认劳动关系的

解除效力及解除时间就是用人双方必须要解决的问题，我们以图 7-3 为例进行说明。

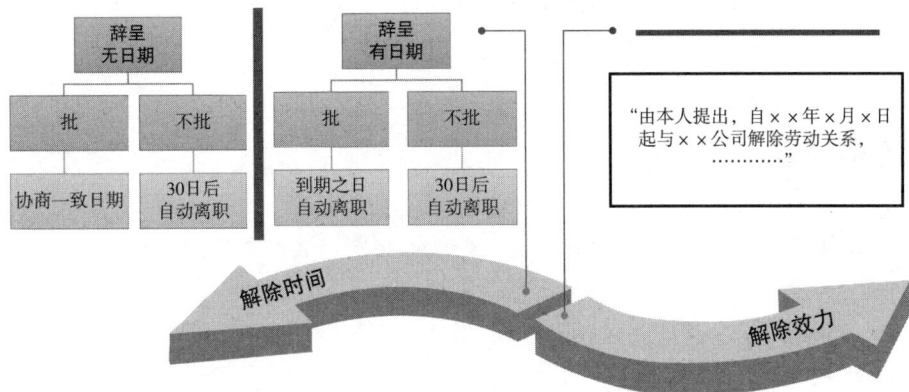

图 7-3　确认劳动关系的解除效力及解除时间

从解除效力上看，员工提出明确的离职日期是最好的，但离职日期并非是员工单方面可以决定的。例如，小赵为了尽快入职下一家单位，就在上一家单位提出第二天即 2022 年 7 月 6 日解除劳动关系，然而企业不同意，企业此时可以强制要求员工提前 30 天提出离职，也就是在 2022 年 8 月 4 日才能解除劳动关系。如果因小赵不遵守规定提前离职而给企业造成损失，企业可以要求小赵赔偿。

实务中常见的辞呈中并没有明确的离职日期，或是企业对辞呈中的离职日期表示反对，不予批复，由此会产生以下四种情形。

（1）辞呈中无离职日期，企业同意离职的：双方协商一个离职日期，无法协商的，员工可以在 30 日后自行离职。

（2）辞呈中无离职日期，企业不同意离职的：由于离职行为已经生效，即便企业不同意，员工也可以在 30 日后自行离职。

（3）辞呈中有离职日期，企业同意离职的：直接按照辞呈上的离职日期执行即可。

（4）辞呈中有离职日期，企业不同意离职的：可参考第二种情形。

可见，在解除效力的处理上，企业一旦对辞呈做出了批复，无论是否同意，都视为解除效力产生了；但具体的解除时间则需要参考当时的实际情况，30日只起到了一个法定缓冲期的效果。

文本示范

辞职报告

本人＿＿（身份证号:＿＿＿＿＿＿＿＿＿＿＿＿），于＿＿＿年＿月＿日入职＿＿＿公司。现由于个人原因，无法继续在＿＿＿公司任职，特提出辞职申请，本人于＿＿＿年＿月＿日与＿＿＿公司解除劳动关系，并根据公司相关规定，完成离职手续和离职交接工作。请公司予以批准。

签名:

日期:

辞职申请

姓名		部门		职位	
入职时间		联系电话		考勤编号	
身份证号				离职日期	
联系地址					

（续表）

离职原因	员工签名： 　年　月　日
（以下由公司填写）	

公司审批	直属上级意见： 签名： 　年　月　日
	人力资源部意见： 核准员工于_____年___月___日离职。 签名： 　年　月　日
	总经理意见： 签名： 　年　月　日

离职面谈表

姓名		部门		职务	
学历		专业		入职时间	
担任最后职务日期		申请离职日期			
当初选择入职本公司的原因					
你最喜欢公司的哪些方面					

离职原因：

1.公司层面原因

□ A. 薪资少   □ B. 福利差

□ C. 工作环境恶劣   □ D. 不满意公司的政策及制度

□ E. 没有上升空间   □ F. 缺少培训和机会

□ G. 工作量太少、枯燥或缺乏挑战   □ H. 同事关系不融洽

□ I. 与上级关系不融洽   □ J. 公司内部存在不公平竞争

2.外部层面原因

□ K. 有更好的发展机会   □ L. 自己创业

□ M. 家庭原因   □ N. 继续学习或深造

□ O. 健康原因   □ P. 转换行业

公司目前最大的问题在哪里？有何建议？

你所在的部门及岗位面临的最大挑战或阻碍是什么？你对你的继任者有何建议？

公司层面做出哪些调整，可以改变你的离职决定？

若离职原因能够得到解决，你是否愿意重新入职？为什么？

您的联系方式	电话		通信地址		
访谈者		职位		日期	
离职者		职位		日期	

离职交接单

姓名			部门		职位	
入职时间			联系电话		离职日期	
身份证号			联系地址			

序号	承办部门	办理事项内容	办理状况	承办员 备注及签章
一	直属部门	1. 经办工作交接	已□ 未□	
		2. 个人保管或使用工具交接	已□ 未□	
		3. 交还相关重要文件与资料	已□ 未□	
		4. 离职人员计算机系统作业	已□ 未□	
		5. 移交清册即"员工离职申请表"	已□ 未□	
二	财务部	1. 公司个人借款归还	已□ 未□	
		2. 应收账款催收	已□ 未□	
		3. 应付账款处理	已□ 未□	
		4. 薪资结清	已□ 未□	
		5. 其他	已□ 未□	
三	人力资源部	1. 当月和上月考勤结果确认	已□ 未□	
		2. 当月和上月绩效考核结果确认	已□ 未□	
		3. 离职资料的交接与签收	已□ 未□	
		4. 归还员工手册	已□ 未□	
		5. 其他	已□ 未□	
四	行政部	1. 归还公司图书、钥匙	已□ 未□	
		2. 归还公司门卡	已□ 未□	
		3. 借用公司器材归还	已□ 未□	
		4. 交还领用办公用品	已□ 未□	
		5. 归还计算机及相关使用设备	已□ 未□	
		6. 其他	已□ 未□	

（续表）

五	备注： 1. 员工本人对离职当月和上月的考勤、绩效等问题如有异议请在备注中提出，否则视为员工无任何异议 2. 由于员工个人原因给公司造成损失的，公司保留追偿及上诉权力 3. 员工应在离职日前完成上述交接工作，未完成时薪资暂发，直到完成交接 现本人提出于＿＿＿年＿＿月＿＿日和公司解除劳动关系。　　　签名：

附注：

1. 凡员工辞职、留职（资）停薪、退休、离职等均应亲自办理离职手续；

2. 离职人员应将经管的公文、公物、公款全部交接完毕，如有借用公有财物均应一并交回，否则视为未办完离职手续，如有因拒不移交、交代不清、虚报、漏报而使公司蒙受损失等时，离职人员应做出赔偿，公司保留依法追究其法律责任的权力；

3. 本表手续未完成即行离职者，视为未办完离职手续。

答疑解惑

问：陈老师，离职报告和离职申请有什么区别吗？

答：离职报告和离职申请虽然都是劳动者的单方行为，但在实际操作中还是会存在一定的差异。

离职申请的核心是劳动者向企业提出想要离职的请求，在文本内容的表达上，是一种意见征询的态度，也就是说，企业需要给出是否同意请求的答复。如果企业同意员工的离职请求，员工的离职申请就生效了，但是具体的离职日期、离职事项还需要双方重新约定。

如果企业不同意员工的离职请求，那么劳动者是不能擅自离职的。如果劳动者下定决心要离职，并且不想受企业束缚的话，就必须要提交离职报告，而不是离职申请了。

离职报告的核心是劳动者可以提前 30 天直接向企业提出离职，离职行为本身可以不经过公司的答复和同意，但必须要告知公司离职时间及相关内容。

从企业的角度来说，相较于离职报告，离职申请更有利于企业做好充足的准备去应对因员工离职产生的问题；从劳动者的角度来说，相较于离职申请，离职报告能够让劳动者在离职行为上拥有更大的自主权。

实例分析：年底时员工提交了离职报告，企业是否应向其发放 13 薪

年底发放 13 薪已经成了许多企业发放年终奖的替代方案，那么员工在企业发放 13 薪之前提出离职是否还能拿到这笔钱，需要综合参考以下因素。

1. 劳动合同的约定

劳动报酬作为劳动合同中的必备条款，明确了劳动者的薪资结构和具体金额。13 薪是员工薪资结构的组成部分，如果出现在劳动合同的约定中，效力是最高的。

2. 员工手册的规定

薪酬福利部分作为员工手册中的重要内容，也会对 13 薪的发放时间、发放条件、发放人员等做出明确规定。如果员工手册中的内容与劳动合同的约定发生冲突，以劳动合同为准；如果与劳动合同的约定互补，则能够生效。

3. 13 薪即年底双薪的性质

许多企业会将年底双薪默认为年终奖，实际上年终奖是需要大量的约定与规定条款来实现的，只有工资才是默认的法定收入。因此，如果不对年底

双薪的性质进行说明，会被默认为工资性质的收入。

4. 离职报告的效力

离职报告是否生效也会影响 13 薪的发放。如果离职报告尚未生效，就意味着劳动关系存续，企业应当按照规则照常发放 13 薪；如果离职报告已经被批准，则需要根据其他因素综合判断。

总之，员工提交离职报告后能否拿到 13 薪，首先需要确定辞职的行为是否生效，其次需要明确企业对于 13 薪的相关约定与规定，确定 13 薪的收入性质，最后做出判断。

总结与思考：离职证明的必备条款及真实性

离职证明的内容并不复杂，只有以下四项必备条款。

1. 本单位的工作年限

本单位工作年限，在实务中又称为司龄，通常是以"年＋月"的形式呈现，如 3 年 2 个月，反映了该员工在本单位的具体就职时间。

2. 劳动者工作期限

劳动者工作期限是指在正常情况下企业与劳动者签订劳动合同的期限。它通常以合同期限的形式呈现，如果劳动者在本单位签订了多份合同，则可以从第一份合同的起始时间开始说明，到最后一份劳动合同的到期时间。

3. 解除或终止劳动合同的日期

该日期通常为劳动者在本单位的最后一个工作日，以此表示从第二天开始劳动者与本单位便不再有劳动关系。

4. 工作岗位

工作岗位既包括劳动者在结束劳动关系时担任的岗位，也包括劳动者在本单位担任的其他岗位。如需描述多个岗位，就需要在离职证明中进行区分。如××时段担任××工作岗位，或离职前担任的最终工作岗位为××等。

除此之外能否增加别的内容呢？离职证明作为企业可以单方出具的用工文本，从性质上说增加内容不需要得到劳动者同意，从作用上说离职证明是为了劳动者能够再就业而做的证明。只要能够明确劳动者在原企业的基本信息和关系即可。

因此，在原有四项条款的基础上，离职证明可以适当增加其他相关内容，但不可增加不利于劳动者再就业的内容，如劳动者因不胜任而被解雇。

离职证明还需要保证其条款内容的真实性。

1. 必备条款的真实性

常见情形为劳动者在面试时延长了自己的工作年限，甚至是为了尽快入职心仪的公司而将离职时间提前了。这些情况都会影响离职证明必备条款的真实性。

2. 其他条款的真实性

很多新单位会要求劳动者提供薪资证明、工作表现证明等一系列证明，这些内容是离职证明中的非必备条款，劳动者会希望原单位就上述内容进行说明。

虽然离职证明是为了劳动者的再就业而出具的，但劳动者不能通过欺诈的手段利用离职证明顺利入职新单位。离职证明的内容应该秉承着真实、公正、保密的原则。对于劳动者提出的非真实性需求，原单位必须果断拒绝，否则不仅会给新单位造成招聘评估的错误判断，还会给原单位造成不必要的劳动用工风险。

第八章

全方位解析解聘文件

对话：解除劳动关系通知书写错话了，怎么办

领导：听说公司最近收到劳动仲裁通知书了，是什么情况？

孙经理：领导，我们部门的员工因为工作能力不行被开除了。

领导：我听法务说员工仲裁我们违法解除劳动合同，说他没有严重违纪。这又是怎么回事？

小陈：孙经理当时和我说员工业绩不好，工作态度也比较差，所以不想向他支付经济补偿金，我就只能写严重违纪了。

领导：这位员工到底有没有严重违纪？

孙经理、小陈：没有。

领导：我们是上市公司，你们要好好学习一下怎么出具解除劳动关系通知书、怎么给钱，不要动歪脑筋，影响公司整体形象。

第一节 解除文件包含哪些用工文本

企业与员工解除劳动关系与上一章劳动者主动提出离职差异较大。解除劳动关系可以分为企业单方解除、双方协商一致解除、劳动者单方解除。其中劳动者单方解除还分为因个人原因解除和因企业原因解除，第七章的内容属于因个人原因解除劳动关系。本章讲述的解除劳动关系以企业单方解除为主。

企业解除劳动关系的过程中涉及以下四种文件。

1. 解除劳动关系通知书

解除劳动关系通知书属于单方通知的用工文本，需要企业加盖公章或法定代表人签字才能生效。在企业单方解除劳动关系的过程中至少需要三份解除劳动关系通知书，一份用于告知工会，一份用于告知劳动者，一份用于企业留存。

如果是用人双方协商一致解除劳动关系，那么只需要两份解除劳动关系通知书即可，因为协商一致解除劳动关系的无须告知工会。

2. 解除证据

解除证据即企业在单方解除劳动关系的过程中给出的证明，既包括解除劳动关系过程中常见的用工文本，如解除劳动关系通知书等，也包括与解除原因相关的用工文本，如员工手册等。

3. 快递面单

企业单方解除劳动关系通常采用邮寄解除劳动关系通知书的方式告知劳动者，因此保留快递面单就显得格外重要了。企业在快递面单中需要明确说明邮寄的文件为解除劳动关系通知书。双方协商一致解除劳动关系时一般无须通过邮寄的方式告知，在签完字后通知书即生效，因此无须快递面单。

4. 离职证明

无论是离职、解除还是终止劳动关系，企业都需要给劳动者开具离职证明。原则上要求企业在与员工结束劳动关系后的 15 天内开具离职证明，在企业单方解除劳动关系的情况下，更需要注意时间的问题。

第二节　解除劳动关系通知书中应当包含哪些内容

解除劳动关系通知书是企业单方解除劳动关系过程中最重要的用工文本，由于解除劳动关系行为本身非常容易引发劳动争议，解除劳动关系通知书的内容就会成为劳动争议过程中双方争论的焦点。从实际操作的角度分析，解除劳动关系通知书应包括如图 8-1 所示的内容。

- ◆ 标题
- ◆ 个人信息
- ◆ 劳动关系起始日期
- ◆ 劳动关系解除日期
- ◆ 解除原因
- ◆ 解除根据
- ◆ 解除后续事项
- ◆ 企业名称与日期
- ◆ 员工签收表

图 8-1　解除劳动关系通知书中的内容

1. 标题

任何用工文本的标题都很重要，尤其是解除劳动关系通知书，因为在进行邮寄告知的过程中，证明企业已经履行相应义务的重要证明就是用工文本的标题。因此，解除劳动关系通知书的标题要清晰明确。

2. 个人信息

解除劳动关系通知书中必须要明确劳动者的个人信息，一般为劳动者姓名＋身份证号即可。

3. 劳动关系起始日期

双方的劳动关系从何时开始会影响到经济补偿金、经济赔偿金的计算，以及确认劳动者是否还在试用期，是否是无固定期限劳动关系的问题。因此，解除劳动关系通知书中需要明确劳动关系的起始日期。

4. 劳动关系解除日期

有起始时间，就必然会有解除时间。除了和在解除劳动关系通知书中明确起始时间所产生的影响相同，列明劳动关系解除日期还会涉及解除当月的考勤、工资计算、社保缴纳、工作交接等细节问题。

5. 解除原因

无论是单方解除还是协商解除劳动关系，在解除劳动关系通知书中都必须明确具体的原因。解除原因是解除劳动关系通知书的核心内容之一。

6. 解除根据

解除原因不等于解除根据，解除根据是判断企业解除劳动关系是否合法的重要标准。例如，劳动者工作能力不行是解除原因，不胜任才是解除根据。没有根据的解除劳动关系通常会被认为属于违法解除。

7. 解除后续事项

虽然企业单方解除了劳动关系，但后续依然可能会产生诸如经济补偿金、代通知金、剩余工资的支付以及工作交接和手续办理等问题。因此，企业也需要在解除劳动关系通知书中明确解除后续事项。

8.企业名称与日期

与明确劳动者个人信息一样，企业作为解除主体之一，也需要明确自身信息。通知书的日期与劳动关系解除日期并没有直接关联，符合当时实际情况即可。

9.员工签收表

如果是双方协商一致解除劳动关系，员工一般能正常处理签收表。但在企业单方解除劳动关系的过程中，员工往往不会书面签收，那么是否可以不需要"员工签收表"呢？考虑到企业单方解除劳动关系还需要告知工会，因此从形式上说，保留"员工签收表"会显得更加严谨。

第三节　解除原因及解除根据的对应

上文提到解除原因和解除根据是解除劳动关系通知书中非常重要的内容，因为在企业单方解除劳动关系的过程中，会出现大量劳动者不认可继而引发劳动争议的情况。在仲裁及诉讼的过程中，解除劳动关系通知书是劳动争议处理过程中非常重要的证据之一。

解除原因是指劳动者做了什么事情导致企业单方与其解除劳动关系，如劳动者旷工；解除根据是指劳动者做的这件事情违反了哪些规定或条款，如旷工违反了企业的规章制度，属于严重违纪，因此企业需要与其解除劳动关系。

解除原因与解除根据是需要相互对应的。例如，工作能力不行对应不胜任工作；旷工对应严重违纪；提交虚假工作履历对应通过欺诈手段签订劳动合同。在实务中解除根据分为以下三类。

1. 相关劳动法律中的法定

例如，劳动者申请病假时间过长，已经超出法定医疗期标准，这是解除原因，对应的解除根据为相关劳动法律中的医疗期满解雇。

解除根据主要集中在《中华人民共和国劳动合同法》中的第三十六条至第四十一条。

2. 双方签订协议中的约定

有些企业会在劳动合同中约定一些非法定的解除条款，并在解除劳动关系通知书中与解除原因进行对应。实际上解除根据是双方无法自行约定的。

例如，双方约定如果劳动者无法在入职后 1 个月内提交上家单位的离职证明，新单位可以单方解雇。这样的约定解除行为若想合法化则需要与相关劳动法律结合，如将上述行为归结为试用期内不符合录用条件的情形，那么解除根据就可以变成不符合录用条件的法定依据了。

3. 规章制度中的规定

规章制度中的规定主要是对应相关劳动法律中的"严重违反用人单位规章制度"的解除依据，至于如何界定哪种行为属于严重违纪，如何制定规章制度则属于用人单位的自主权。

例如，劳动者殴打、辱骂上级及同事，这是解除原因，对应的解除根据为规章制度中将上述行为定义为严重违纪，劳动者因此严重违反用人单位的规章制度。

在解除劳动关系通知书中，解除原因和解除根据必须是相互对应的。同时，解除原因和解除根据也需要和解除证据相关联，切勿出现张冠李戴的行为。例如，企业要证明劳动者不胜任工作，收集到的证据却为劳动者不服从工作安排，这样的情形会使企业承担违法解除劳动关系的风险。

第四节　解除劳动关系通知书
如何达到法律认可的告知效果

解除劳动关系通知书和员工手册一样，都需要告知劳动者才能生效。但解除劳动关系通知书不能按照员工手册的方式进行告知，因此为了达到法律认可的告知效果，需要分为以下三种情形。

1. 签字确认

在双方协商一致解除劳动关系的情况下，签字确认难度较低，也最容易实现。在企业单方解除劳动关系的过程中，劳动者的签字意愿较低，通过签字确认的方式告知难度较大，不容易实现。但签字确认依然是告知效力中最高的。

2. 邮寄确认

在无法进行签字确认的情况下，企业可以采用邮寄确认的方式告知。企业采用邮寄确认的过程中，需要注意以下几点。

（1）快递面单的填写：明确邮寄文件为解除劳动关系通知书。

（2）邮寄签收的情况：劳动者正常签收或拒绝签收均视为已经告知。

（3）邮寄地址的选择：优先选择双方约定的联系地址，其次是劳动合同上的住址。

（4）邮寄退回的情况：如因地址问题退回则需要重新采集正确地址，如因劳动者拒绝签收退回则无须重新邮寄。

3. 登报公示

登报公示是企业在既无法签字确认，也无法进行邮寄确认的情况下采用的应对方式。不过，在现在的劳动用工管理环境中，已无须使用登报公示的方式进行告知了，除非人力资源从业者在劳动用工管理过程中出现了较大的疏忽与漏洞。

无论采用哪种情形，企业单方解除劳动关系时，都需要向上级工会告知。有工会的企业可以直接向企业工会告知；没有工会的企业可以向当地街道、镇、县、区、市甚至是省工会进行邮寄告知，并听取工会意见。

第五节　解除劳动关系通知书等于离职证明吗

许多人力资源从业者认为企业给劳动者发过解除劳动关系通知书，就证明双方已经结束劳动关系了，这种情况下还需要再出具离职证明吗？我们可以从解除劳动关系通知书与离职证明的差异中找到答案，如表 8-1 所示。

表 8-1　解除劳动关系通知书与离职证明的差异

项目	解除劳动关系通知书	离职证明
时间节点	不确定性	确定性
使用用途	解除劳动关系	证明劳动关系
文本数量	一式三份	一式两份
签收条件	无须签收	需要签收
书面内容	无强制要求	有法律规定

一、时间节点

企业单方解除劳动关系所发的通知书上虽然有具体的解除时间，但在合法解除劳动关系的情况下也是有效力的。然而在非法解除劳动关系的情况下，该解除时间可能会发生变化。因此，解除劳动关系通知书具备解除时间的不确定性。

离职证明作为一份法定文件，其需要确定用人双方结束劳动关系的具体时间节点，否则劳动者无法入职新单位。

二、使用用途

解除劳动关系通知书作为非法定用工文本，在实际操作中却是必备文本的原因在于，该文本是用于告知双方已经解除劳动关系的重要文件，重点在于劳动关系的结束说明。

从前文中我们可以得知，离职证明的重点在于证明关系。离职证明中劳动关系的起止时间、工作期限、工作岗位等内容都是为了证明员工在某个时间段与原单位的事实关系，为新单位的招聘录用作证明及参考。

三、文本数量

解除劳动关系通知书需要三份，而离职证明最多只需要两份，即用人单位与劳动者各保留一份。

四、签收条件

解除劳动关系通知书难以进行书面签收，最常用的是通过邮寄签收的方式进行告知。

离职证明略有不同，虽然也可以通过邮寄签收的方式进行告知，但考虑到员工新单位要求提供离职证明等相关文件，因此邮寄的方式是存在较大隐患的。离职证明作为法定必备的用工文本，企业可以参考劳动合同，通过签收单的方式来确保自身履行了告知义务。

五、书面内容

离职证明的内容是具有明确法律规定的，包括应当具备哪些内容和禁止出现哪些内容。解除劳动关系通知书作为非法定用工文本，其内容主要以企业实际的解除需求为主。

由此可见，解除劳动关系通知书不等于离职证明，离职证明是法定必备的用工文本。即使公司已经出具了解除劳动关系通知书，甚至解除劳动关系通知书已经包含了离职证明里的必备条款，也依然无法取代离职证明。

第六节　解除证据的收集和保留

由于不同的解除原因与解除根据对应的解除劳动关系通知书的内容完全不同，因此在解除证据的收集过程中，针对不同的解除原因与解除根据，会用到不同的用工文本。此处笔者以实务中常见的两种解除情形来说明。

1. 不胜任工作解除过程中的解除文本与证据

（1）工作胜任标准

工作胜任标准又称绩效考核标准、岗位胜任标准等。企业要想证明劳动者不胜任工作，就要有工作胜任的标准，并且确定劳动者已经知晓该工作胜任标准。

（2）工作不胜任证明

在第一条的基础上，企业需要提供劳动者不能胜任工作的相关证明，如带有劳动者签名的"考核结果表"、企业绩效改进计划或劳动者的工作日志等。

（3）调岗或培训记录

在第二条的基础上，企业需要提供为劳动者安排合理调岗或合理培训的相关证明，如调岗通知书、培训通知书和"培训签到表""培训记录表"等。

（4）再次不胜任证明

在第三条的基础上，企业要再次提供劳动者不能胜任工作的相关证明，可以参考第二条的相关用工文本。

（5）解除劳动关系通知书

企业向劳动者和工会发出的解除劳动关系通知书，主要用来说明企业单方解除劳动关系的相关内容。

（6）告知证明

告知证明主要包括邮寄给劳动者和工会的快递面单，以及邮寄的签收情况，主要用来说明企业已经履行了相关的告知义务。

（7）离职证明

企业向劳动者开具的离职证明，用来说明企业已履行了法定义务，未影响劳动者的再就业。

2. 严重违纪解除过程中的解除文本与证据

（1）规章制度

规章制度又称员工手册、管理规定等。企业要想证明劳动者严重违反用人单位的规章制度，就要制定明确的规章制度。

（2）规章制度民主程序

企业不仅要有规章制度，还要按照规定经过一定的民主程序，涉及证明文件如民主大会参会表、会议纪要、意见征询单和会议总结报告等。

（3）规章制度签收单

经过民主程序后，企业需要对劳动者进行告知。不同的告知方法涉及的用工文本略有不同，如"签收单"和培训记录、邮件回复、聊天记录等。

（4）严重违纪证明

在第三条的基础上，企业需要提供劳动者严重违纪的相关证明，如"违纪通知单""违纪情况说明""违纪记录表"和"违纪确认单"等。

（5）解除劳动关系通知书

企业向劳动者和工会发出的解除劳动关系通知书，主要用来说明企业单方解除劳动关系的相关内容。

（6）告知证明

告知证明主要包括邮寄给劳动者和工会的快递面单，以及邮寄的签收情况，主要用来说明企业已经履行了相关的告知义务。

（7）离职证明

企业向劳动者开具离职证明，用来说明企业已履行了法定义务，未影响劳动者的再就业。

上述解除文本与证据的保留时间一般为两年。

文本示范

离职证明

兹证明＿＿＿＿（身份证号码：＿＿＿＿＿＿＿＿＿＿＿＿＿＿＿＿＿＿），劳动合同自＿＿年＿月＿日签订，于＿＿年＿月＿日至＿＿年＿月＿日在我公司担任＿＿＿＿岗位，现因个人原因申请离职，目前已解除劳动关系，特此证明！

×× 有限公司人力资源部

年　　月　　日

解除劳动关系通知书

＿＿＿年＿月＿日甲方和乙方共同签订了三年期限的劳动合同，现经甲方提出，双方协商一致，确定于＿＿＿年＿月＿日解除劳动关系。

乙方在解除劳动关系后的有关考勤情况、工资社保、经济补偿和工作交接等事宜，根据《中华人民共和国劳动合同法》的规定和双方在劳动合同中已有的约定处理。

乙方在甲方的工作年限为＿＿个月，按规定发给乙方相当于乙方本人＿＿个月的工资，即人民币＿＿元整（大写：××）。给予乙方代通知金＿＿元人民币整（大写：××）。

据此，甲方给付乙方经济补偿金及代通知金共计人民币＿＿元整（大写：××）

本通知书经甲方与乙方在合同文本上签字或者盖章之日起生效。

本通知书一式两份，甲方和乙方各执一份。

甲方（用人单位）：（签字盖章）　　　　乙方（劳动者）：（签字）

　　年　　月　　日　　　　　　　　　　年　　月　　日

试用期解除劳动关系通知书

＿＿＿＿＿＿＿＿：

你好！

您与本公司签订＿＿年＿月＿日至＿＿年＿月＿日为止的劳动合同，其中试用期为＿＿年＿月＿日至＿＿年＿月＿日。

根据部门反映，您在试用期内的工作表现并不符合岗位的录用条件，故公司于＿＿年＿月＿日与您在试用期解除劳动关系。

特此通知！

××有限公司

年　　月　　日

违纪处理通知单

编号：		填表日期：	
姓名：	所在部门：		职位：
违纪内容 / 事件说明：			
违纪程度	□ 轻度违纪	□ 一般违纪	□ 严重违纪
相关说明：			
员工签字：	总经理签字：		人力资源部签字：

答疑解惑

问：解除劳动合同通知书和解除劳动关系通知书有区别吗？

答：许多人力资源从业者觉得两者并没有区别，在通知书中，往往是直接标注解除劳动合同，而不是劳动关系。实际上，两者仍有区别。

用人双方签订了劳动合同不等于双方具备劳动关系。既然用人双方存在劳动关系就必然需要签订劳动合同，那么劳动关系的解除也意味着劳动合同的解除；同样，既然签订劳动合同并不必然形成劳动关系，那么劳动合同的解除也不意味着劳动关系的解除。

因为有事实劳动关系的存在，所以无论是否存在劳动合同都不会影响劳动关系，严格意义上说，解除劳动合同只是意味着用人双方不再履行原劳动合同的内容了而已。考虑到企业单方解除劳动关系在操作上是需要慎之又慎的，所以在解除劳动关系通知书上的措辞要尽可能严谨。无论是从通知书的名字到通知书的内容，都要从原来的解除劳动合同调整为解除劳动关系。

实例分析：企业能否在解聘文件中撇清自身责任

"本人已经办理了全部离职手续，并且已经完全结清了同公司的账务、财务关系。我声明自本人签字之日起，公司已支付本人所有工资、奖金、加班费、费用补偿或任何形式的报酬，本人与公司不存在任何劳动争议。"

在解除劳动关系通知书中，或在"离职交接表"中，抑或是在其他离职文件中，都曾出现过类似上段的文字。企业希望通过这样的内容来尽可能规避劳动者离职后可能带来的劳动争议。有趣的是，这样的方法在多数情况下是有效的，即便发生争议，只要企业能够证明该内容是双方协商一致的真实意思，法院都会认为有效。也就是说，若劳动者无法证明自己是在被欺诈或被胁迫的情况下签订的离职文件，就无法推翻。

不过，我们也看到不少案例会根据司法解释中的规定，如果可以证明相关文件内容本身有失公平，就可以撤销原来的约定。

这时我们就需要判断，企业在相关文件中撇清责任的意图和目的是什么？

（1）已履行法定义务，不想与劳动者再有瓜葛

假如企业没有与劳动者签订劳动合同，但在用工管理过程中双方都按照最初的口头承诺履行义务，也没有出现任何的争议。企业在解除劳动关系的文件里明确双方再无任何争议，而劳动者在签字后，认为双方当时没有签订劳动合同，企业应该支付双倍工资。在这类案件中，企业更容易获得支持，因为企业虽然没有与劳动者签订劳动合同，但也按照双方的口头承诺履行了相应的约定，承担了自身的义务。

（2）未履行完法定义务，不希望劳动者秋后算账

假如劳动者在工作期间发生了工伤，企业希望和劳动者私了，并支付了一笔医疗费和经济补偿金，但该医疗费和经济补偿金远低于法定标准。企业在解除劳动关系的文件里明确双方再无任何争议，此时劳动者在签字后，认为企业在处理相关问题时有失公平，并没有完全履行自己的法定义务，给劳动者带来了经济上的重大损失。在这类案件中，劳动者更容易获得支持。

尽管存在争议，但笔者依然建议企业在解雇流程文件中明确用人双方就工资支付、加班费等问题已经结清，不存在其他劳动争议。

总结与思考：三种解除劳动关系通知书的差异

本章内容主要以企业单方解除劳动关系的用工文本为主，实务中还有劳动者单方解除劳动关系和双方协商一致解除劳动关系两种情形。不同的情形

对应的解除劳动关系通知书其实是有差异的（如表 8-2 所示）。表 8-2 中的劳动者单方解除劳动关系主要是指因企业出现《中华人民共和国劳动合同法》中第三十八条情形而形成的单方解除，并非劳动者个人辞职的行为。

表 8-2　三种解除劳动关系通知书的差异

项目	劳动者单方解除	双方协商一致解除	企业单方解除
标题	解除劳动关系通知书	协商一致解除劳动关系通知书	解除劳动关系通知书
发起者	劳动者	企业或劳动者	企业
解除时间	即时解除	无特定时间规定	即时解除
解除原因	企业过失	协商一致或其他原因	劳动者或企业过失
解除依据	《中华人民共和国劳动合同法》第三十八条	《中华人民共和国劳动合同法》第三十六条	《中华人民共和国劳动合同法》第三十九条、第四十条、四十一条
告知对象	企业	企业提出解除劳动关系的告知对象：劳动者 劳动者提出解除劳动关系的告知对象：企业	劳动者＋工会
告知方式	邮寄签收为主	书面签收＋电子签收	邮寄签收为主
能否取消	劳动者不可单方取消	双方同时盖章签字前可取消	企业不可单方取消
经济补偿	有	企业提出解除劳动关系时：有补偿 劳动者提出解除劳动关系时：无补偿	《中华人民共和国劳动合同法》第三十九条：无 《中华人民共和国劳动合同法》第四十条、第四十一条：有

由此可见，虽然都是解除劳动关系通知书，但不同的解除主体、解除情形在通知书的内容撰写及注意事项上差异较大，需要人力资源从业者谨慎对待。